L'ŒUVRE ORIGINALE

DE

VIVANT DENON

TOME SECOND

N°

Tiré à cinq cents exemplaires numérotés.

Paris. — Typographie Lahure, rue de Fleurus, 9.

L'ŒUVRE ORIGINALE

DE

VIVANT DENON

ANCIEN DIRECTEUR GÉNÉRAL DES MUSÉES

COLLECTION DE 317 EAUX-FORTES

DESSINÉES ET GRAVÉES PAR CE CÉLÈBRE ARTISTE

RÉUNION

FORMANT L'ALBUM LE PLUS COMPLET ET LE PLUS VARIÉ

POUR L'ÉTUDE DE LA GRAVURE A L'EAU-FORTE

AVEC UNE NOTICE TRÈS-DÉTAILLÉE

SUR SA VIE INTIME, SES RELATIONS ET SON ŒUVRE

PAR

M. ALBERT DE LA FIZELIÈRE

TOME SECOND

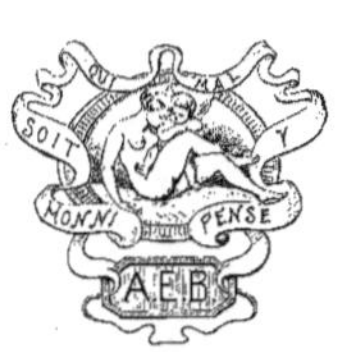

PARIS

A. BARRAUD, LIBRAIRE-ÉDITEUR

RUE DE SEINE, 23

M DCCC LXXIII

OEUVRE ORIGINALE

DE

VIVANT DENON

Cinquième Série.

PORTRAITS DE PARTICULIERS.

(63 PLANCHES.)

187. Portrait d'un homme en noir, d'après Teniers.
188. Portrait d'un hussard en pied et tête nue. Caricature.
189. Citoyen Zoly (Hugues–Adrien), conservateur du Cabinet des Estampes.
190. Un jeune homme, tête nue (Joseph Albrizzi, de Venise).
191. Le Grand-Maître de Malte La Valette.
192. Une dame vénitienne feuilletant un album (Mme la comtesse d'Albrizzi).
193. La même; plus en petit.
194. La même, en ovale.
195. Le corps diplomatique de Naples en 1784.
196. Femme napolitaine coiffée d'un réseau.
197. Le duc d'Orléans (Philippe-Égalité).
198. La duchesse de Parme.
199. Patron de barque maltaise.
200. Portrait d'homme, d'après Giorgione.
201. Deux portraits (personnages inconnus) gravés à la manière du crayon.
202. Pugnani, célèbre violon italien.
203. Le sénateur Angelo Querini.
204. La comtesse de Rosemberg.
205. Le marquis Tanucci, ministre napolitain.
206. Les frères Terres, libraires napolitains.
207. Petite tête de femme, à la date de 1782.
208. 1. L'abbé de Bernis. 2. Diderot. 3. Inconnus. 4. Tito di Lorenzi.
209. L'abbé Zani, célèbre antiquaire.
210. Portrait de V. Denon, dessinant d'après nature dans la campagne.
211. Le même en redingote fourrée (vers 1812).
212. Mlle Catherine Citto.
213. Mlle Annette Coltellini.
214. Mlle Constance Coltellini, peintre.
215. Gouaz, sculpteur et graveur français, à Rome (1787).
216. M. Adrava, chargé d'affaires d'Autriche à Naples.
217. Mme Hamilton.
218. Le comte d'Argental (caricature).
219. Memmo, sénateur vénitien.
220. Portrait de Barère à la tribune.

Ce portrait a été fait tandis que Denon était graveur à la Convention.

221. Profil d'homme en perruque, inconnu.
222. L'abbé Gagliani, plus jeune qu'au nº 184, et de profil.
223. Un portrait d'homme, à moustache et barbiche.
224. Caricature.

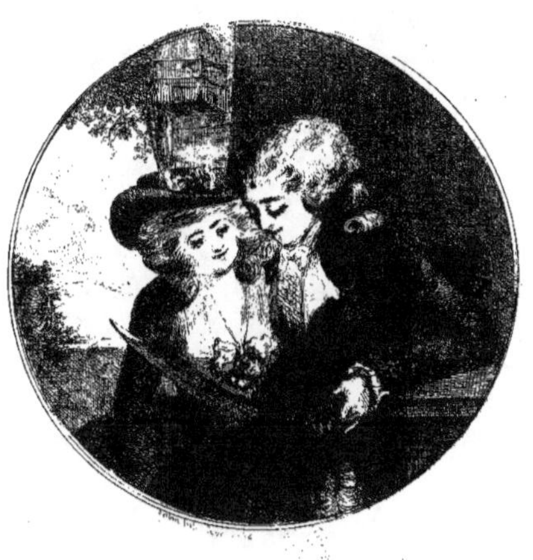

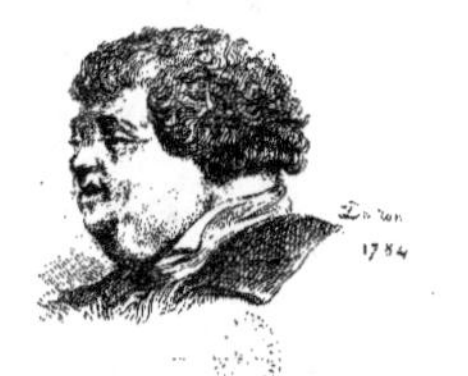

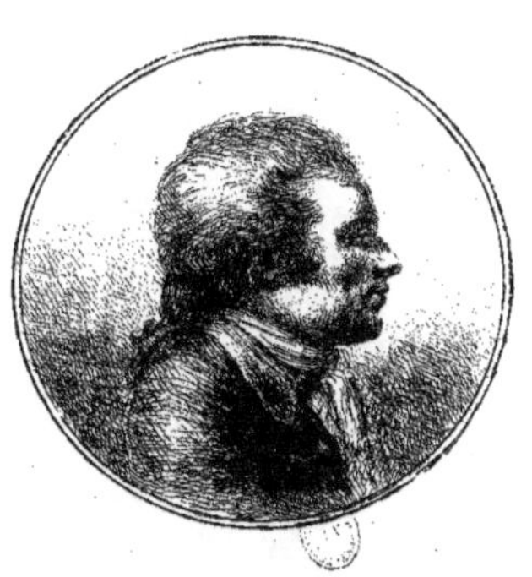

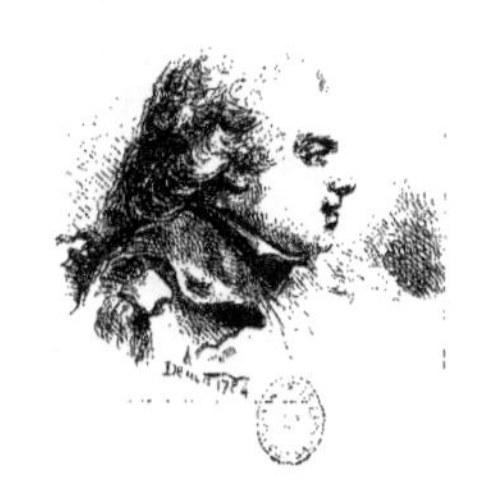

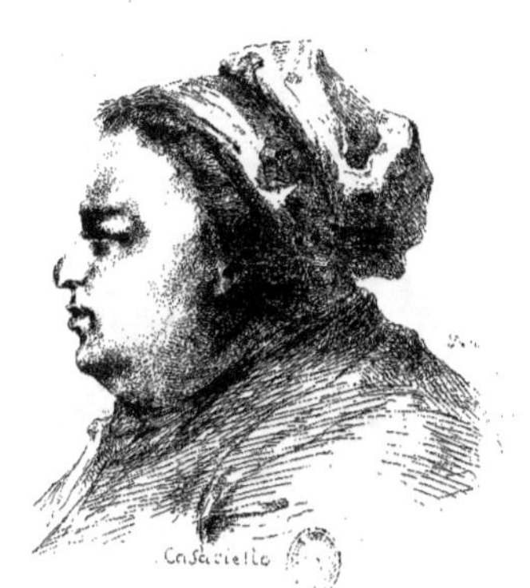

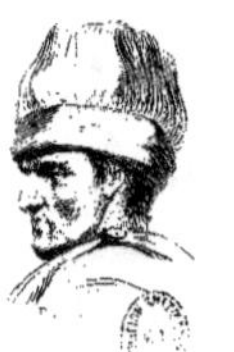

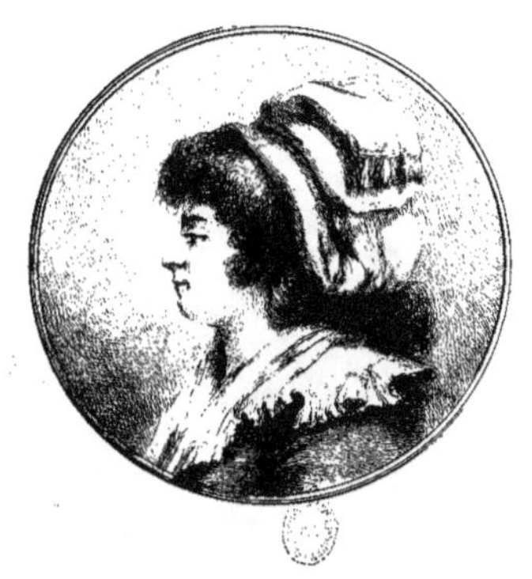

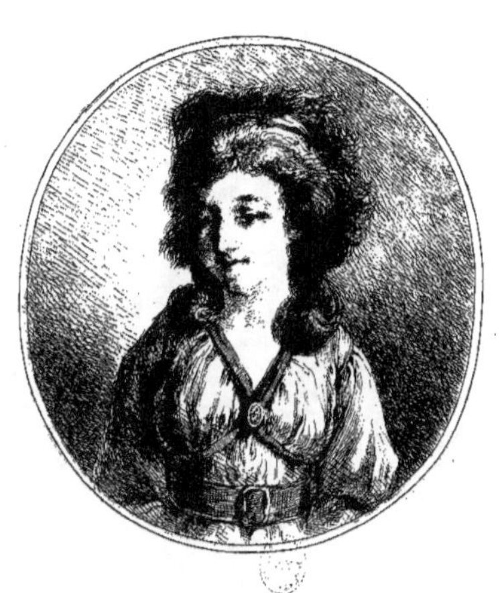

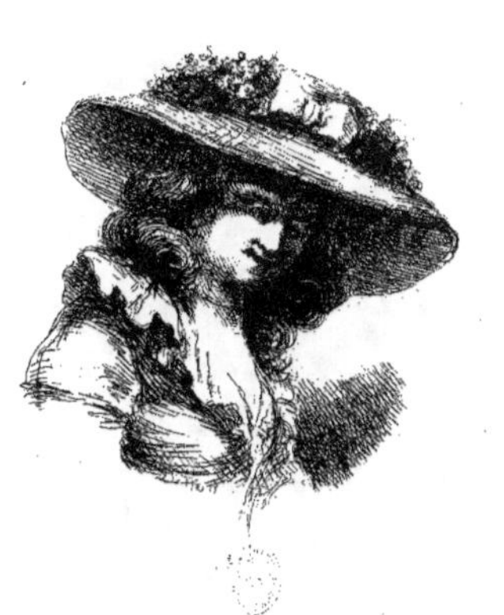

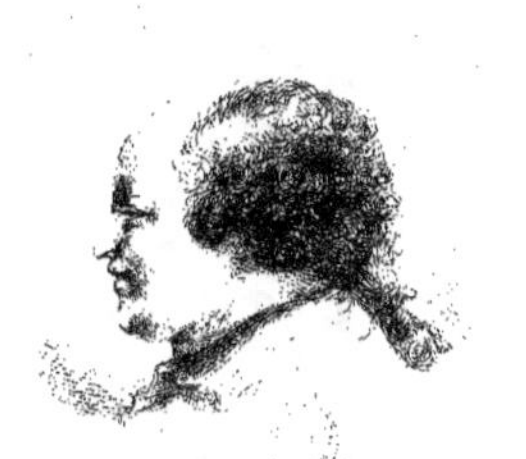

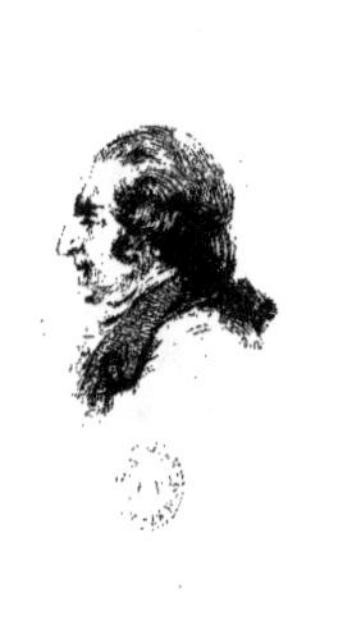

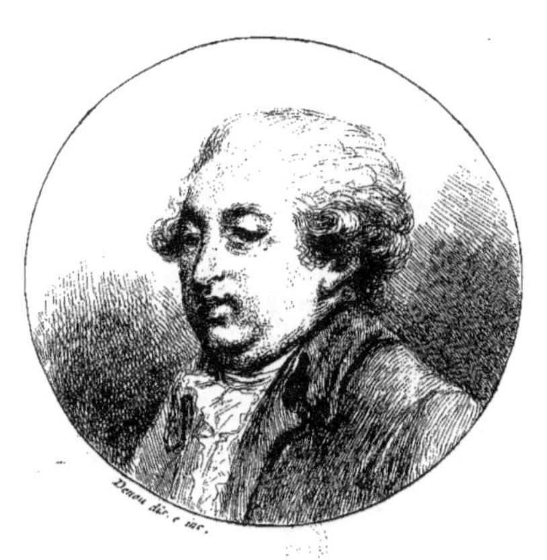

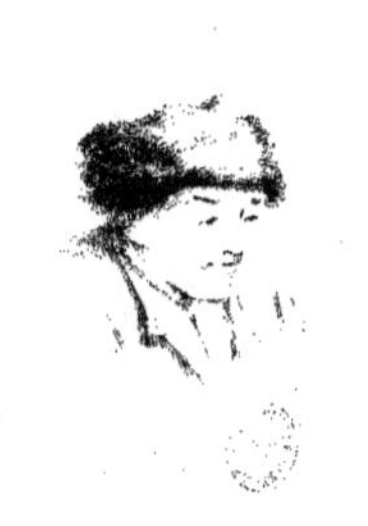

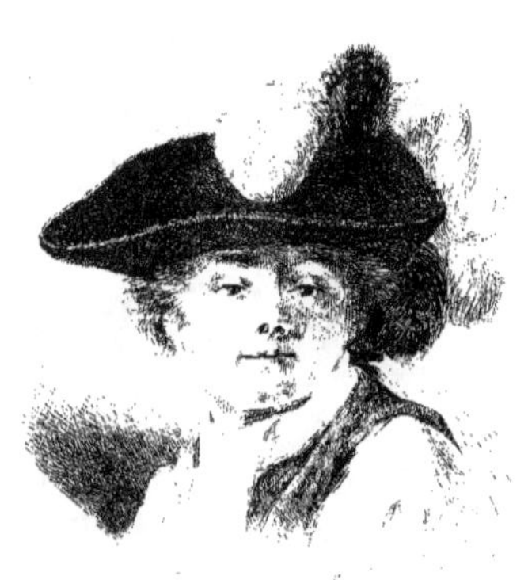

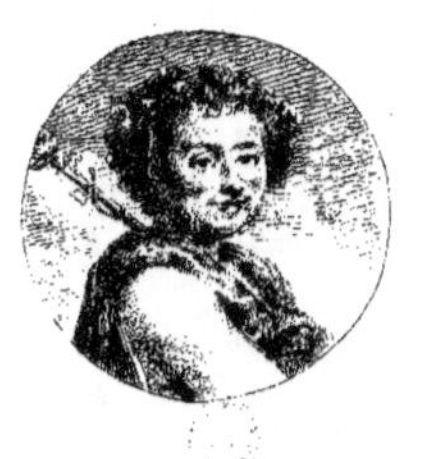

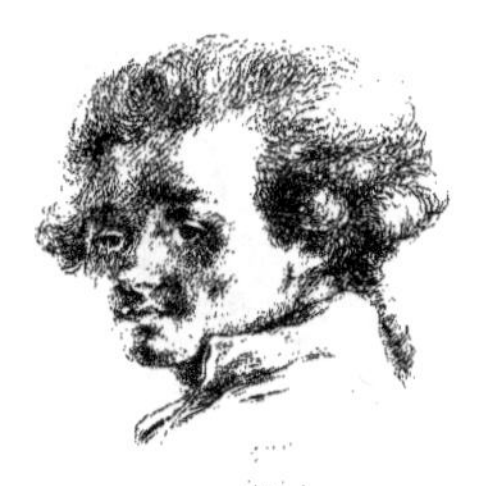

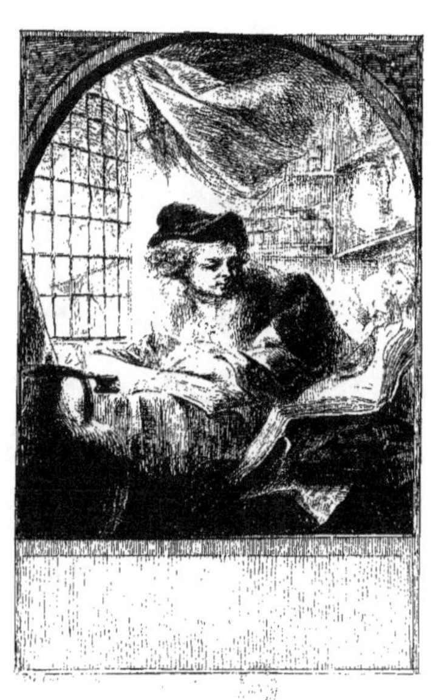

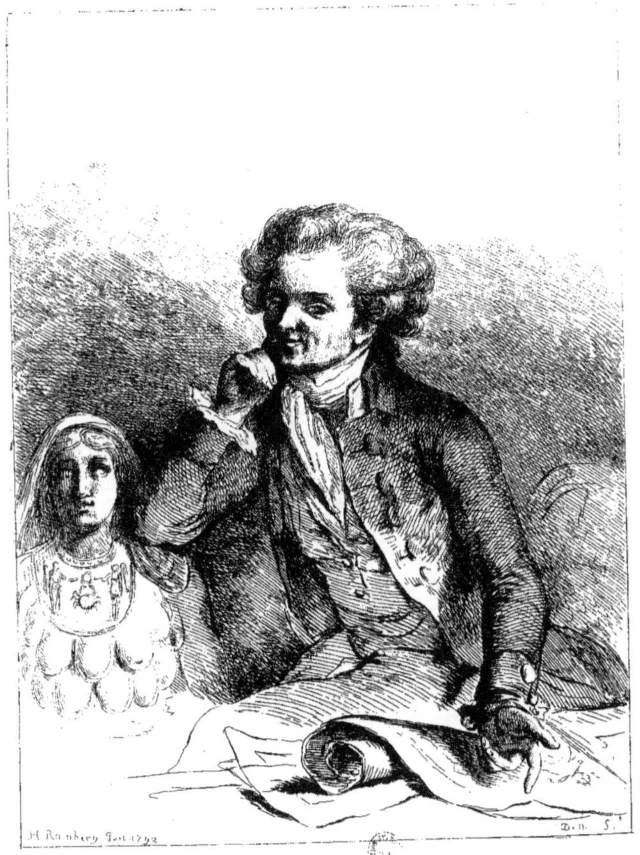

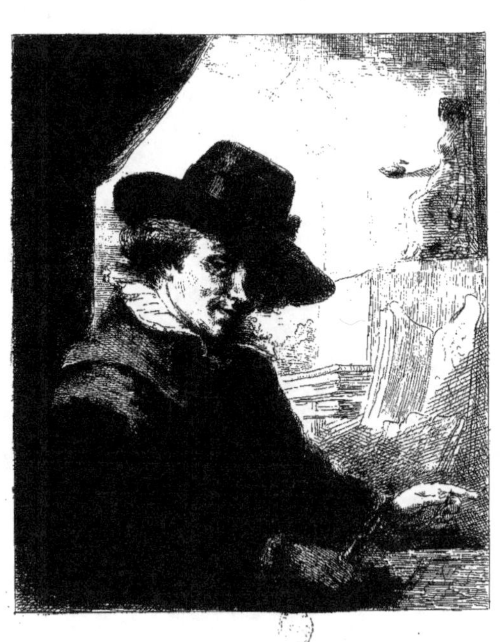

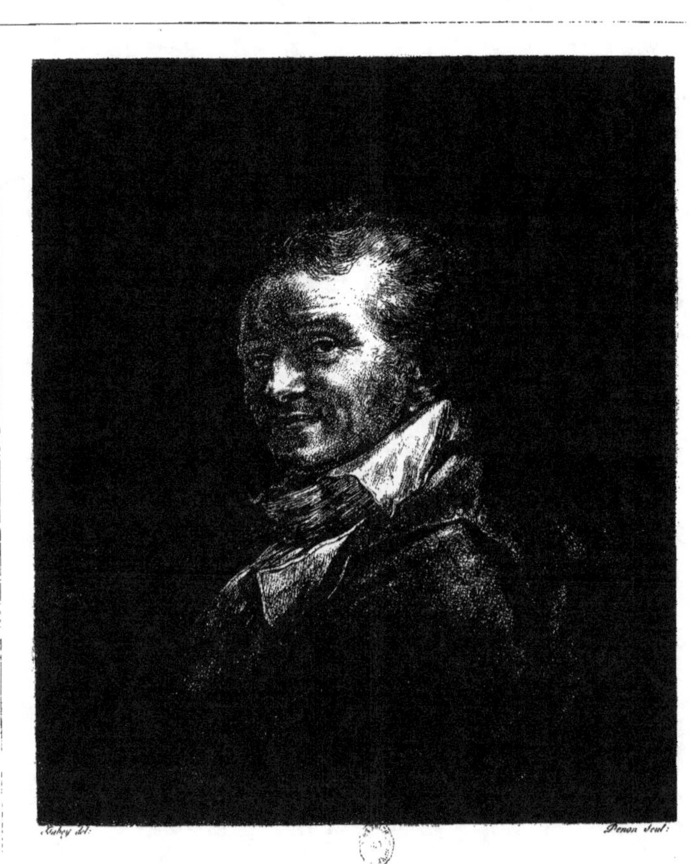

Aubry del:
Penon Sculp:

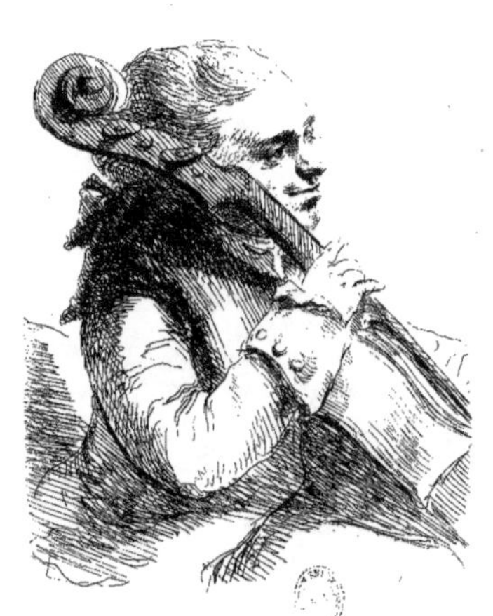

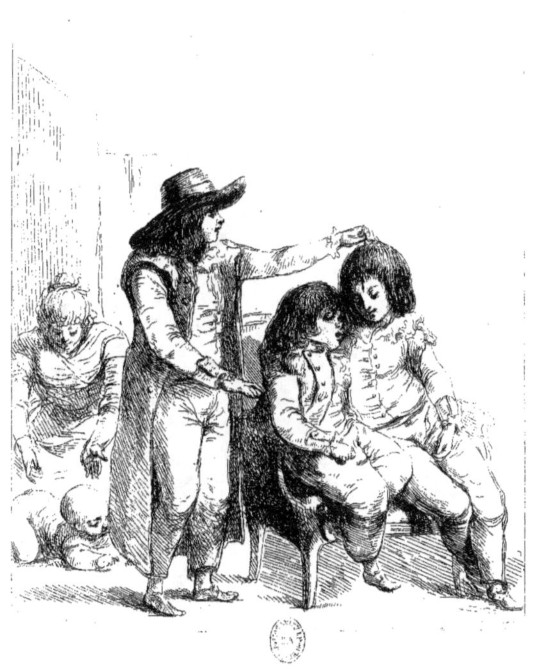

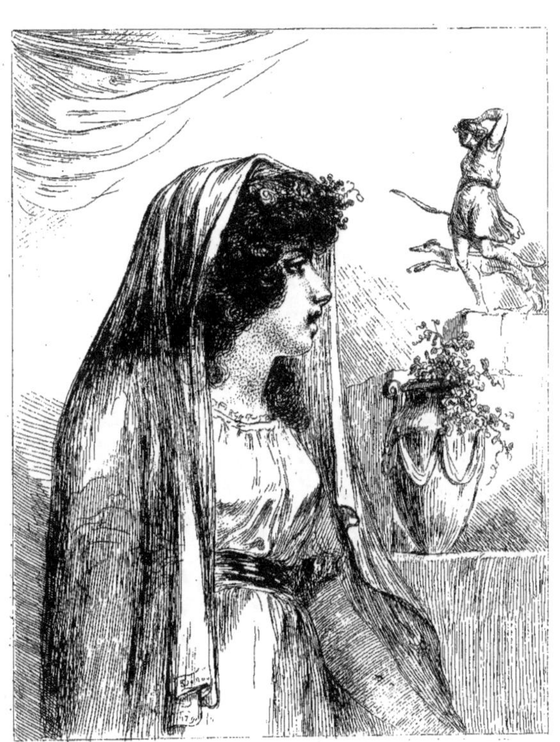

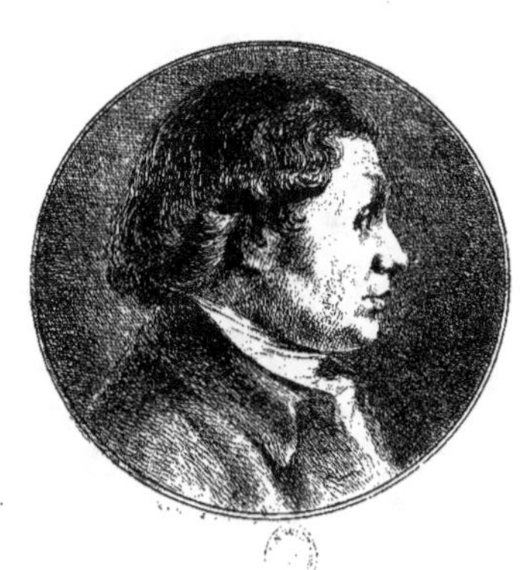

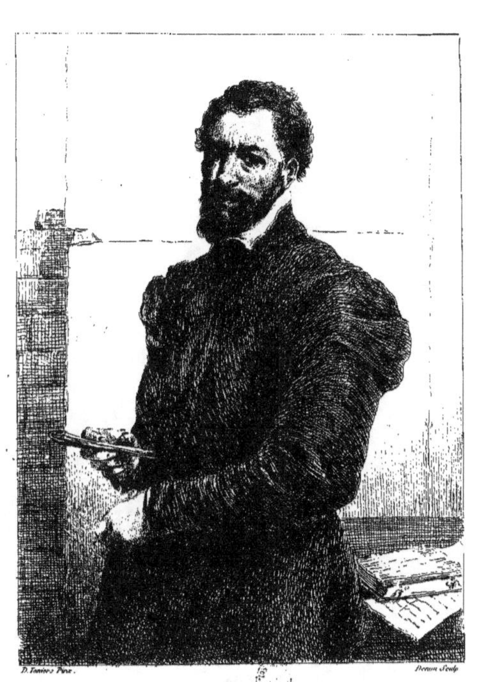

D. Teniers Pinx.
Bonin Sculp.

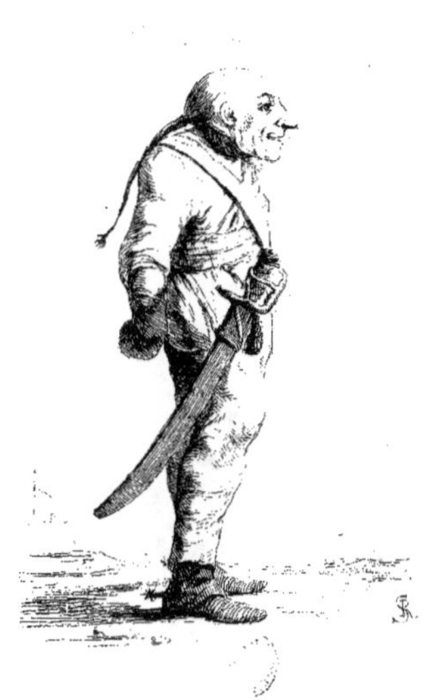

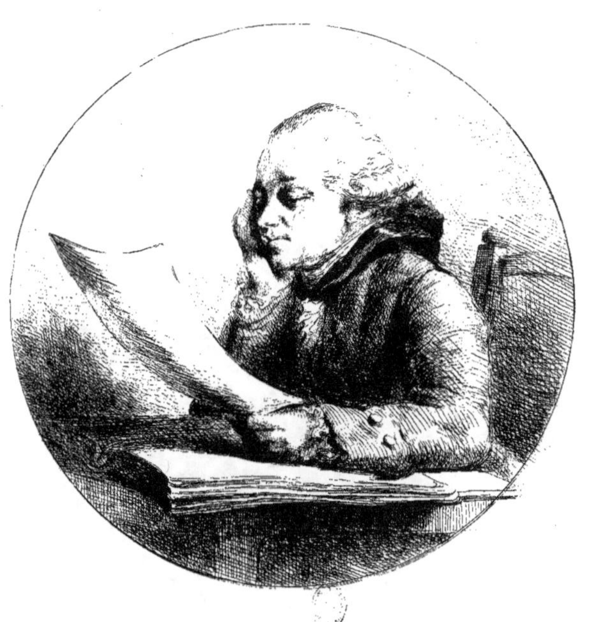

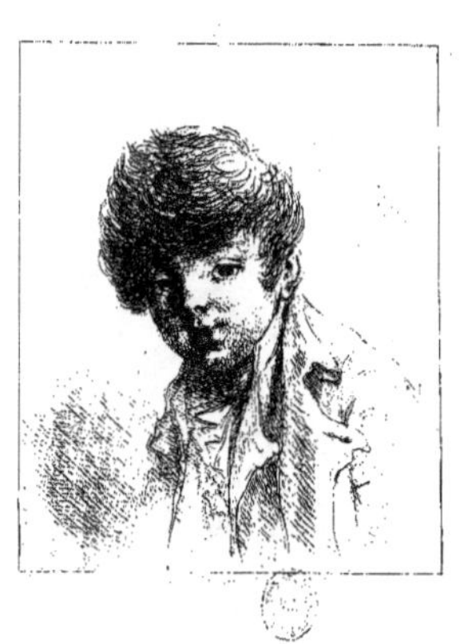

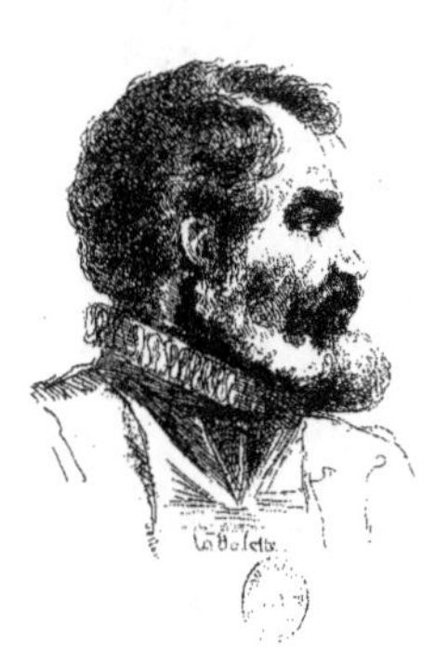
La Valette.

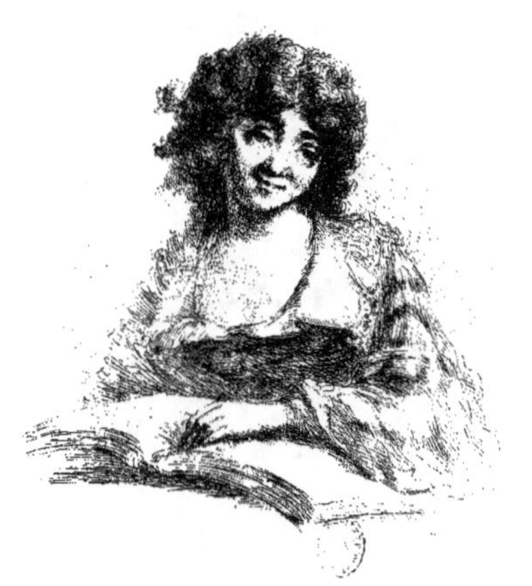

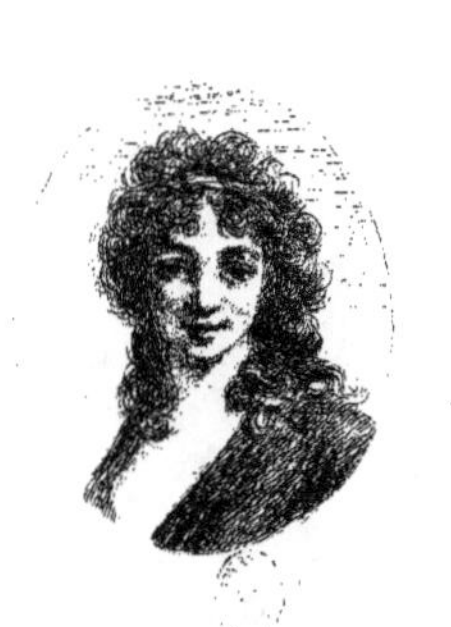

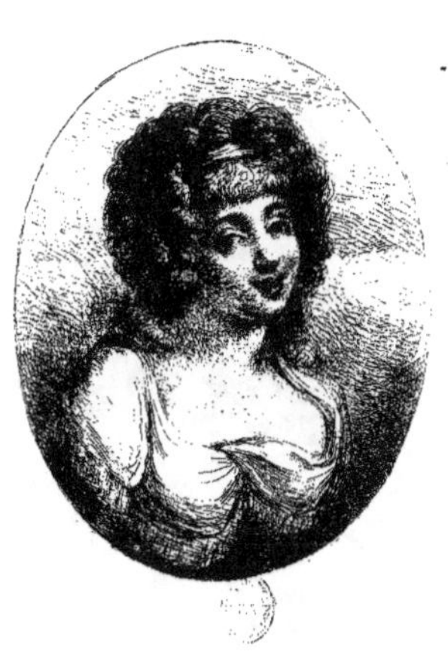

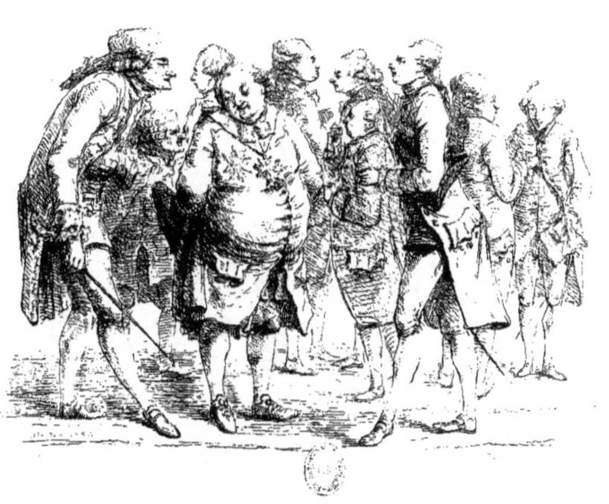

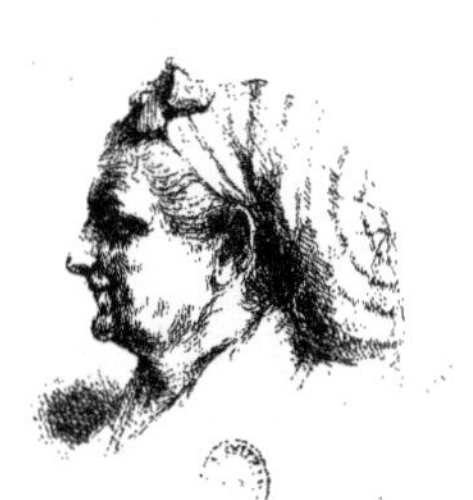

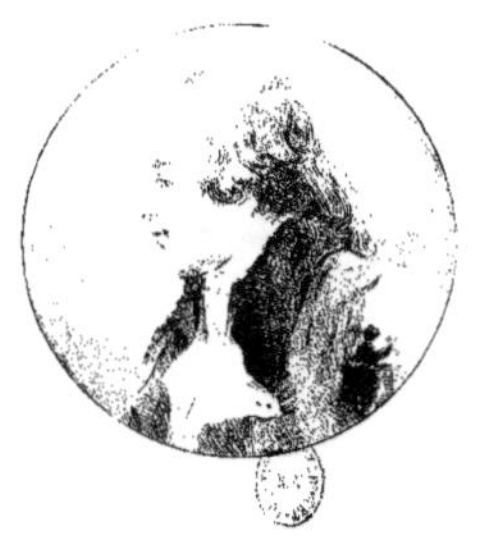

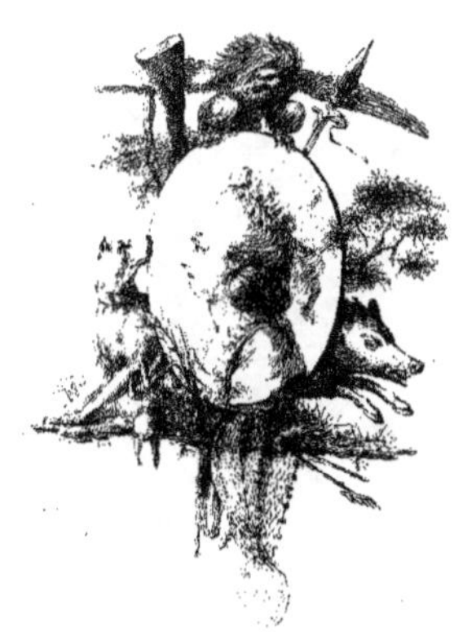

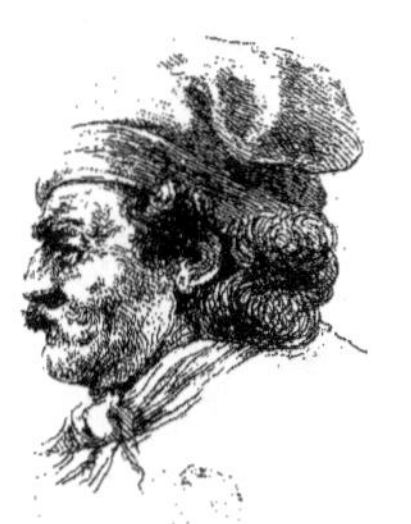

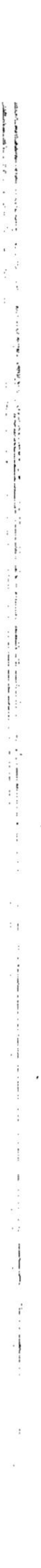

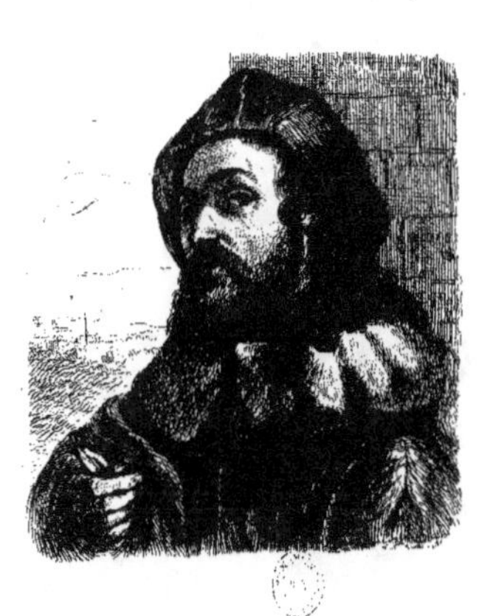

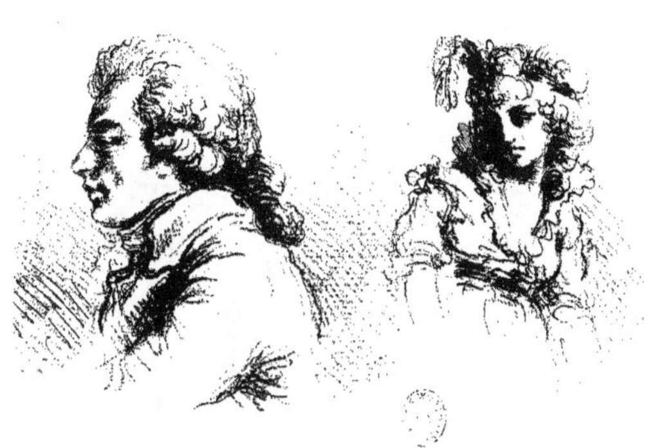

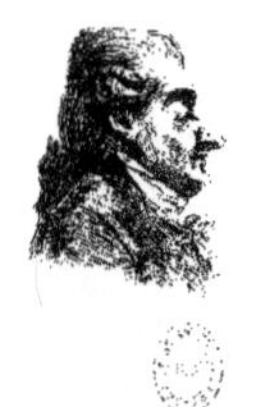

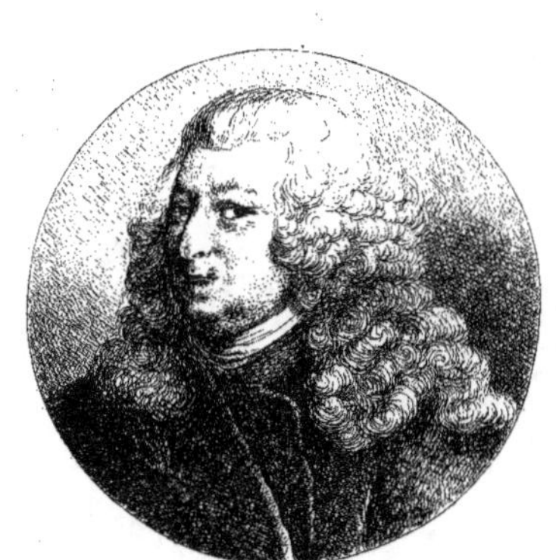

Angelo Quirini
Amico suavissimo Denon

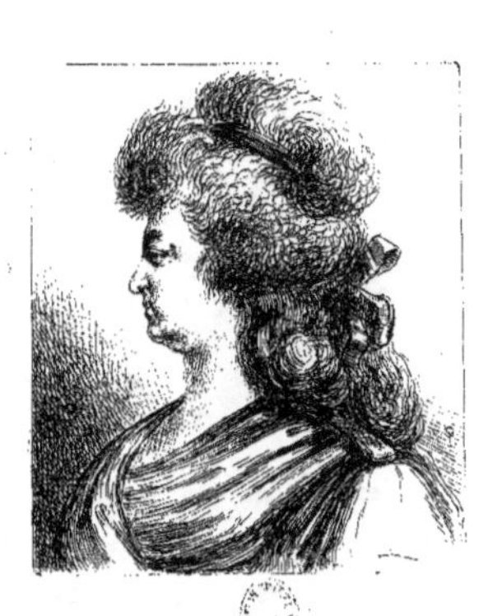

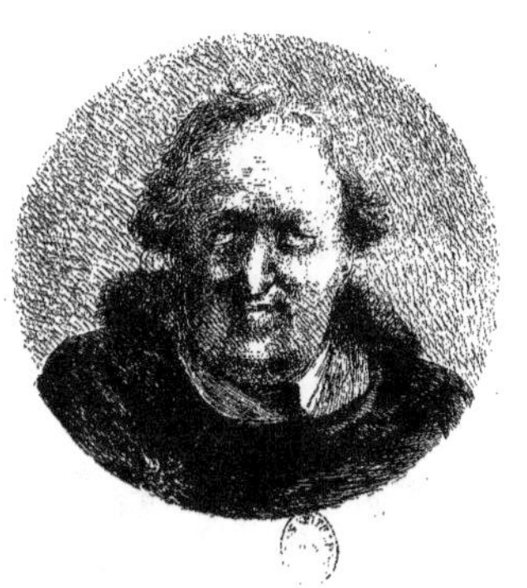

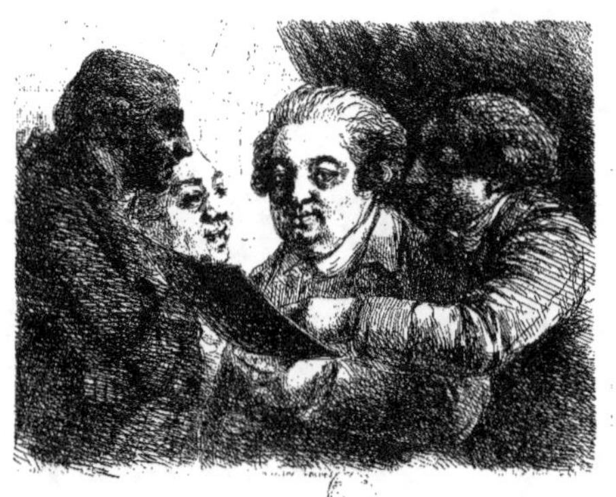

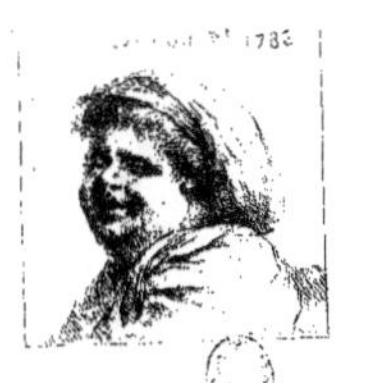

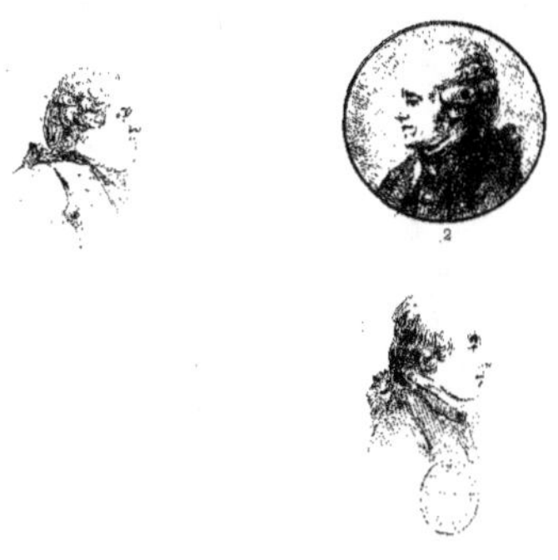

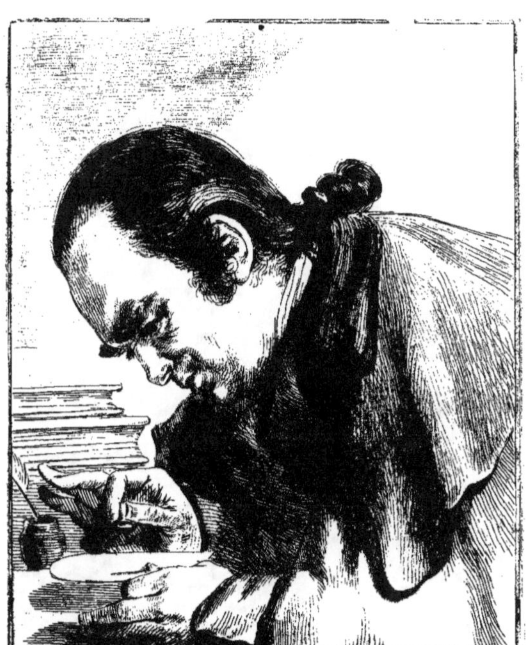

L'ABBÉ ZANI,

faisant dans le Cabinet National des estampes de Paris, l'intéressante découverte d'une gravure de Maso Finiguerra dont on ne connoît pas encore une seconde épreuve et la seule peut-être qui existe, elle représente l'Assomption ou le couronnement de la Vierge.

Cette planche en argent qui fut dorée, émaillée et niellée en 1452 par Maso Finiguerra lui-même, pour servir de Paix ou Patène, appartient à l'Église de St. Jean de Florence, et le soufre qui en a été tiré, se voit dans la même ville chez Mr. le Conseiller Serrati.

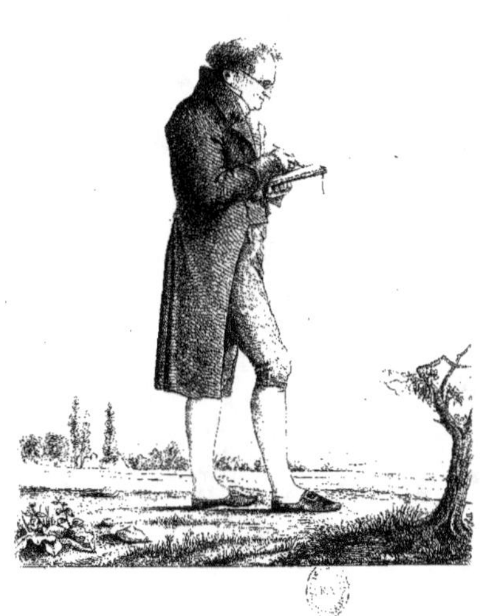

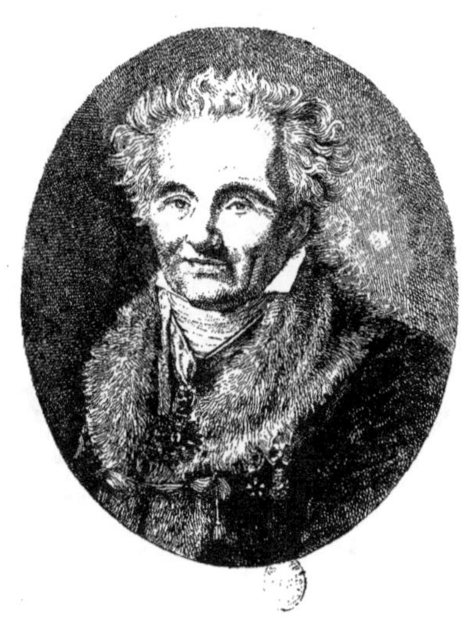

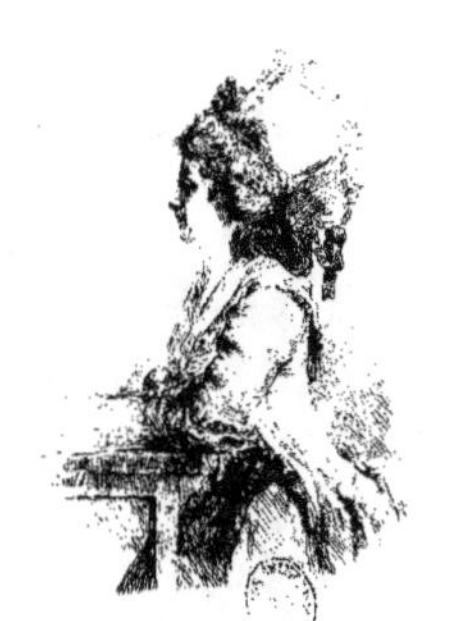

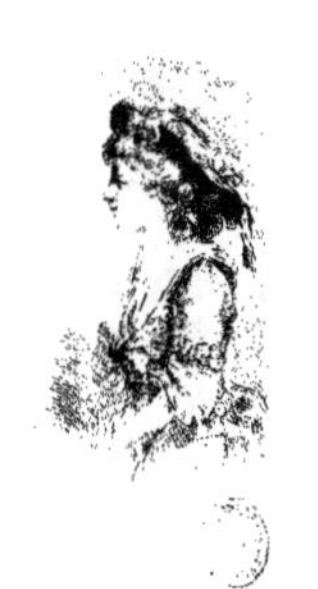

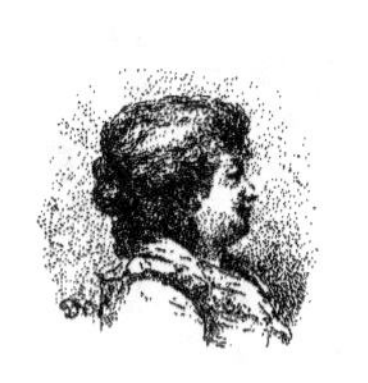

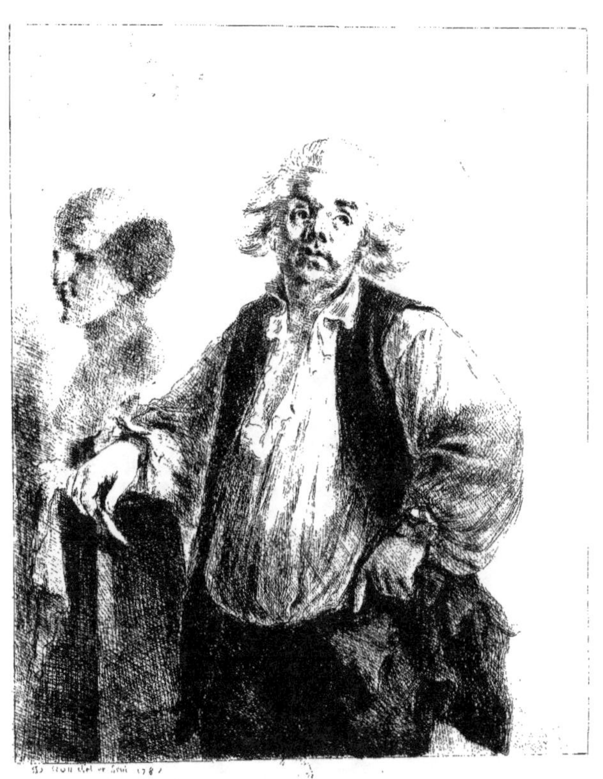

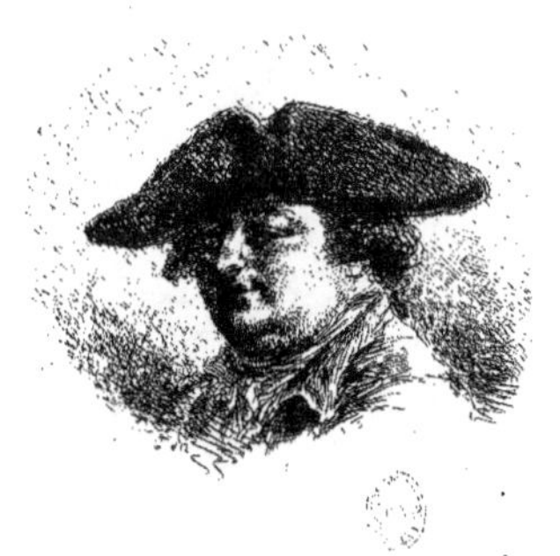

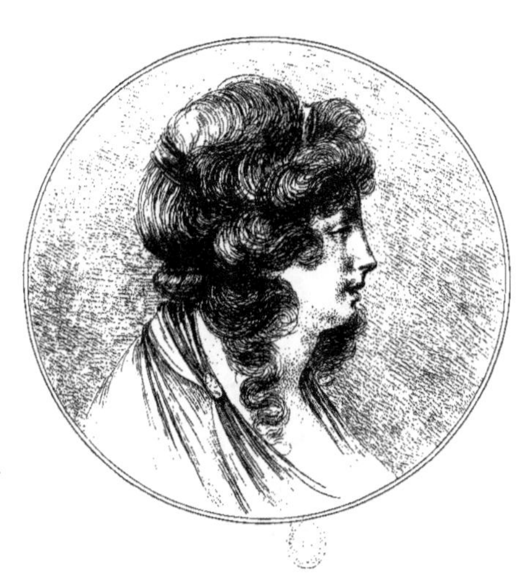

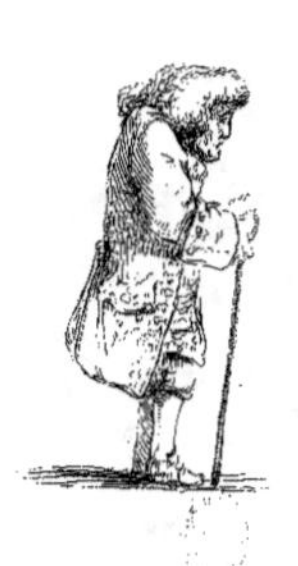

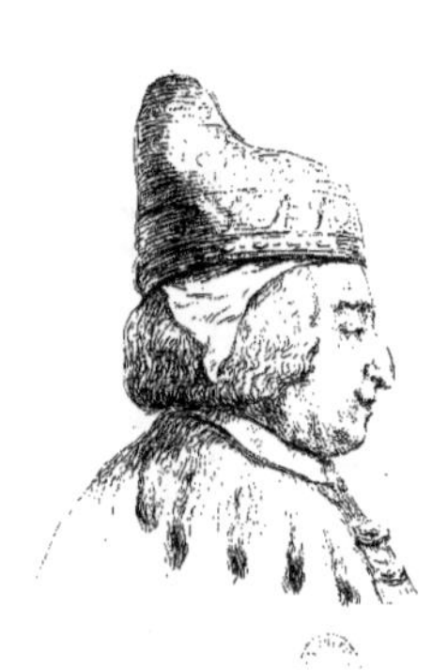

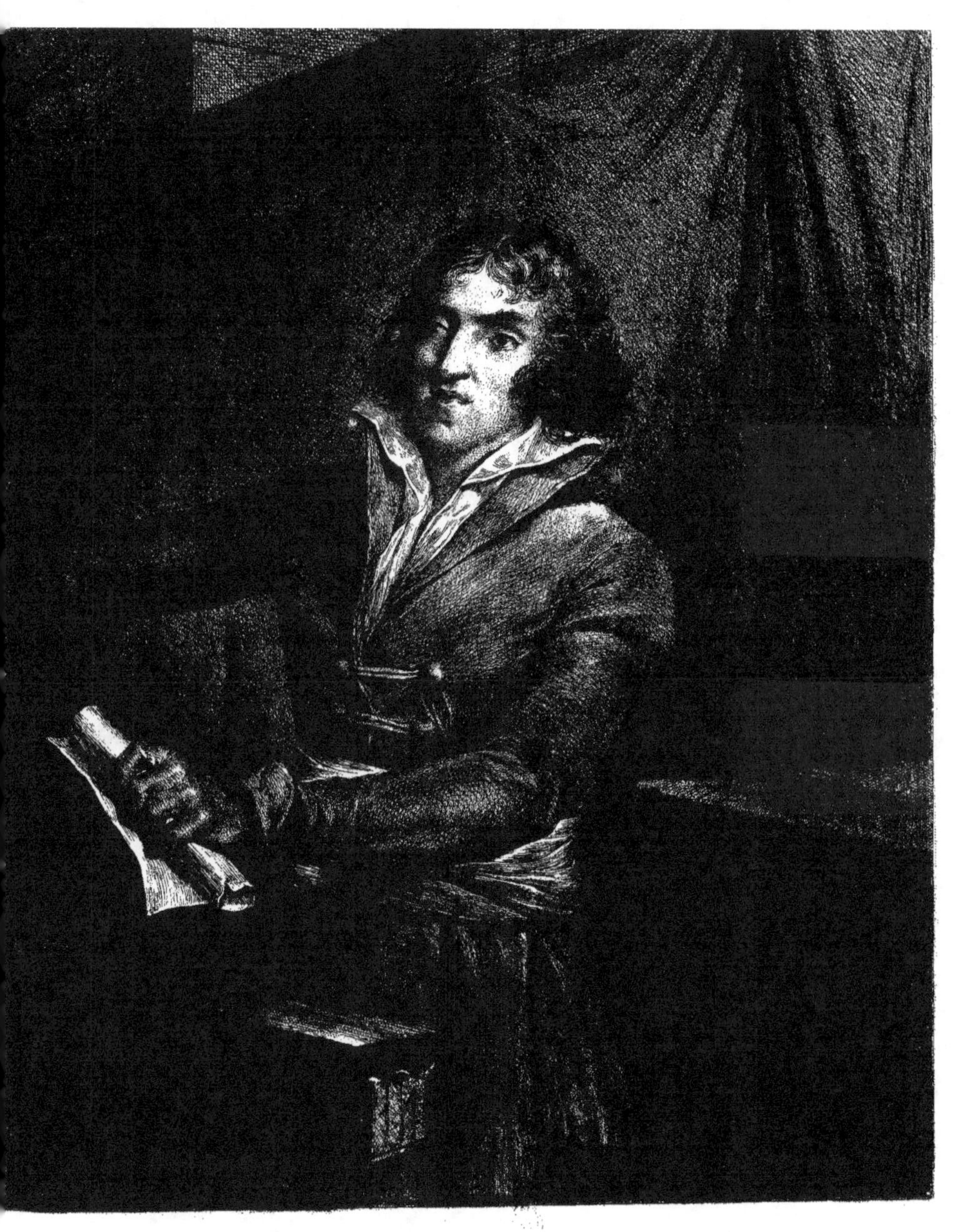

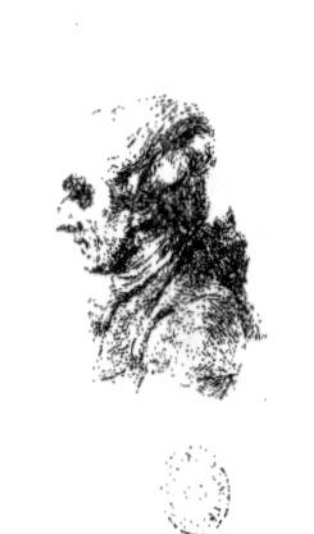

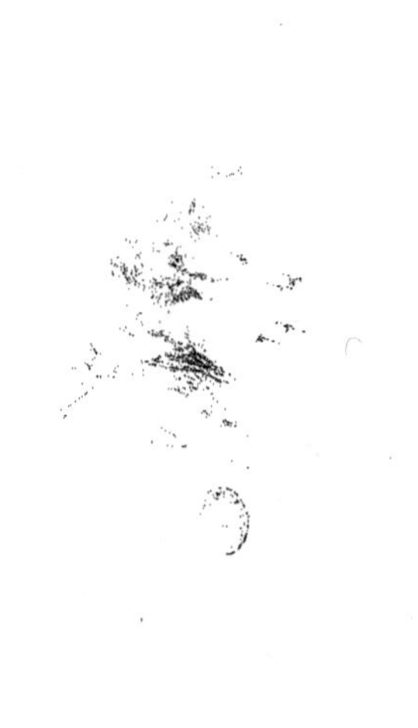

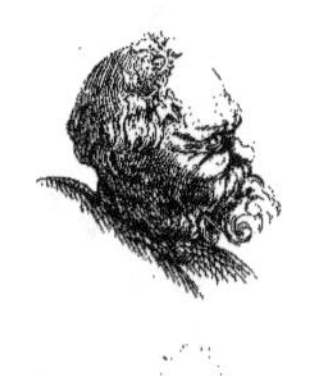

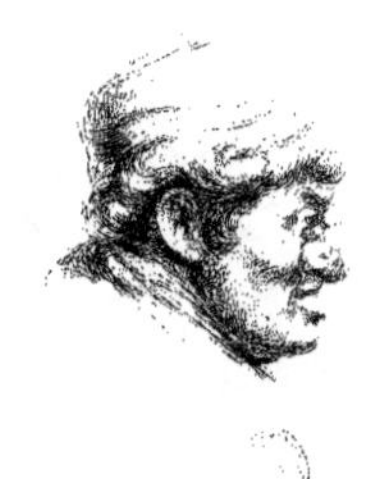

OEUVRE ORIGINALE

DE

VIVANT DENON

————

Sixième Série.

COSTUMES FRANÇAIS DE LA CONVENTION.

(8 PIÈCES.)

225. Législateur en fonction.
226. Représentant du peuple.
227. Représentant du peuple aux armées.
228. Costume militaire.
229. Juge.
230. Officier municipal.
231. Costume civil avec le manteau sur les épaules.
232. Costume civil avec le manteau sur le bras.

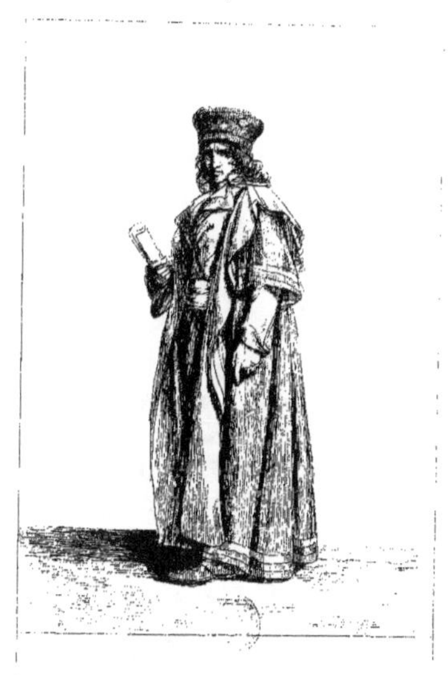

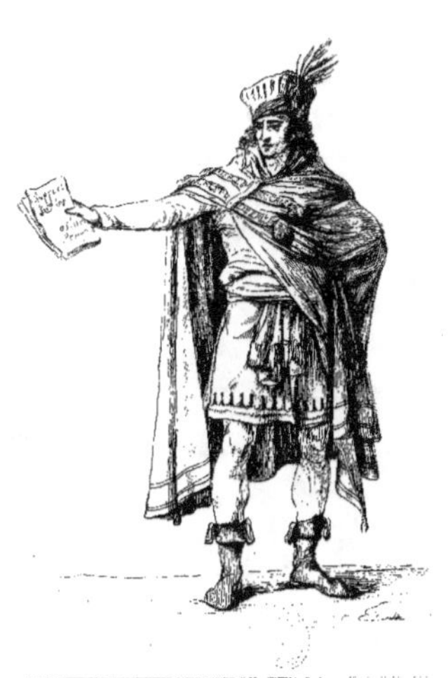

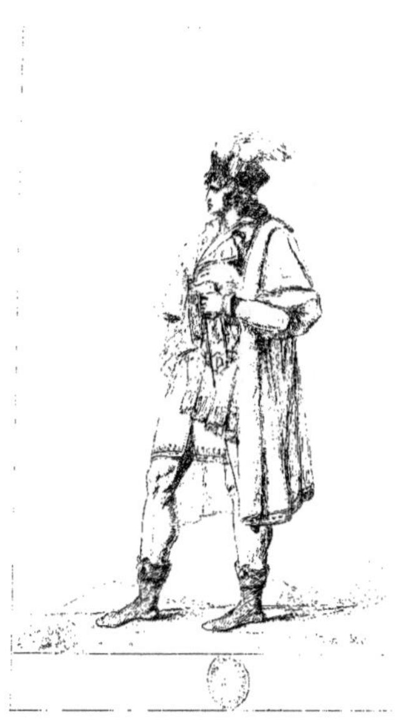

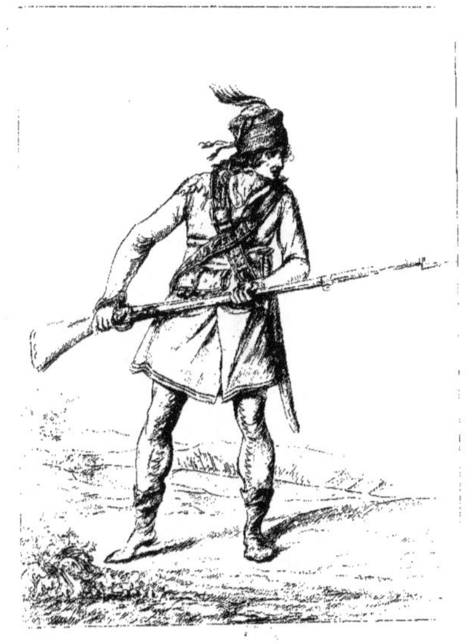

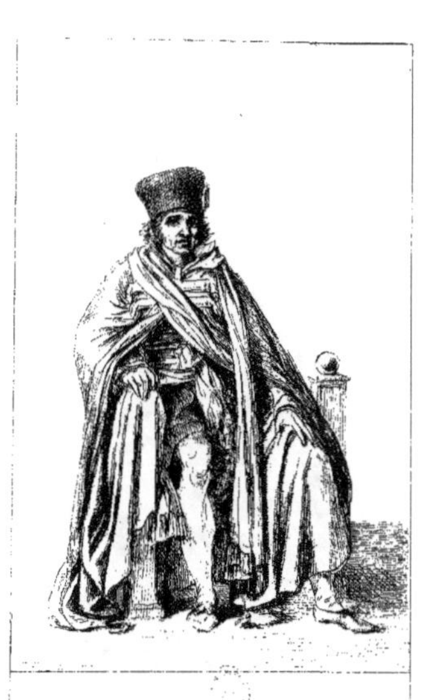

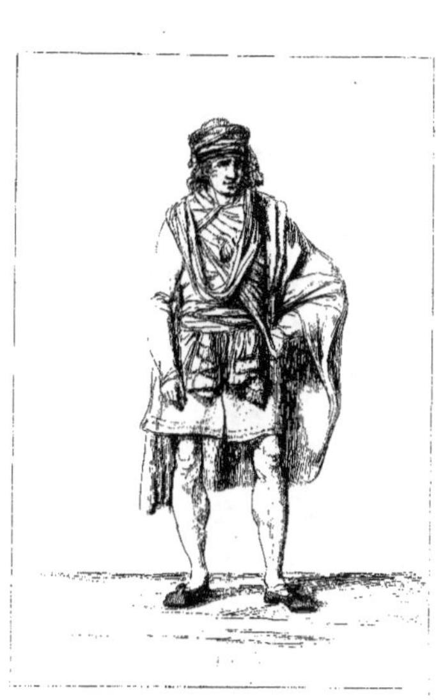

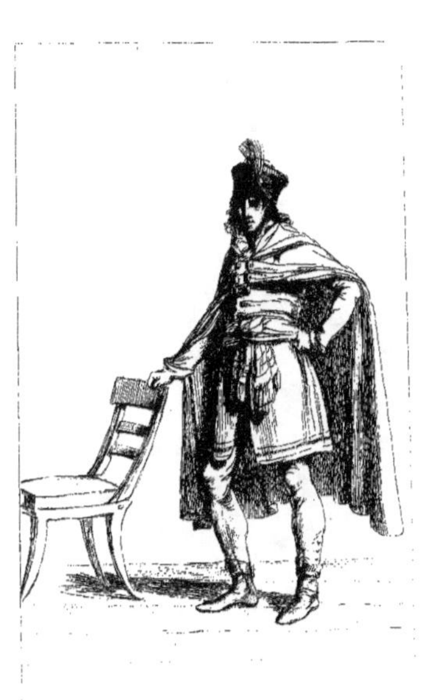

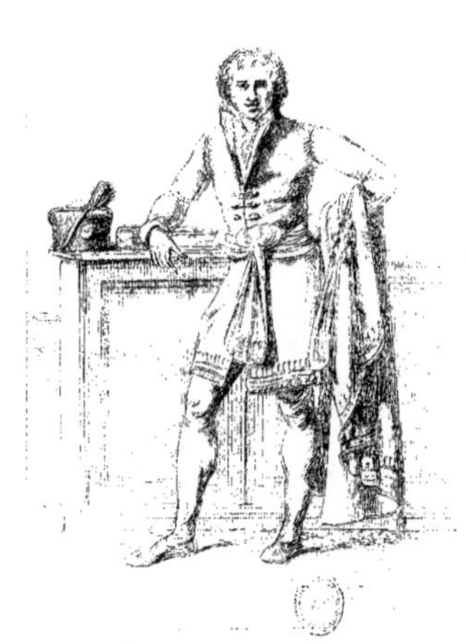

OEUVRE ORIGINALE

DE

VIVANT DENON

———

Septième Série.

PASTICHES OU CONTREFAÇONS.

(24 PIÈCES.)

233. Une vieille femme qui demande l'aumône, d'après Callot.
234. Un pauvre, d'après le même.
235. Danseurs, d'après le même.
236. Canonnier, d'après le même.
237. Deux petites figures, d'après le même. Sur la même feuille on trouve deux croquis de Denon.
238. Un chameau, d'après La Belle.
239. Deux figures et une vache près d'une fontaine, d'après le même.
240. Portrait d'Étienne de La Belle, d'après le même.
241. Portrait de Titien, d'après Van Dick.
242. Femme assise tenant un vase, d'après Jules Romain.
243. Femme assise et lisant avec un enfant, d'après M. A. Raimondi.
244. Femme assise qui embrasse un enfant, d'après le même.
245. Une Sainte Famille, d'après Rembrandt.
246. Portrait de la mère de Rembrandt, d'après le même.
247. Portrait de Rembrandt, d'après le même.
248. La Pisseuse, d'après le même.
249. Soldat debout, d'après Salvator Rosa.
250. Un gueux, d'après Rembrandt.
251. Portrait de Rembrandt avec une toque à plume, d'après Rembrandt.
252. Portrait de Rembrandt et de sa femme, d'après le même.
253. La sainte Catherine connue aussi sous le nom de la Petite Mariée juive.

254. La Veuve; une femme assise au pied d'une urne funéraire se livre à sa douleur.
255. Femme assise près d'une fenêtre, la tête inclinée sur sa main droite; dans le ciel on voit passer un ange, d'après M. A. Raimondi.
256. Adoration des Bergers, d'après Schidone. Cette gravure est exécutée en *fac-simile* de lavis.

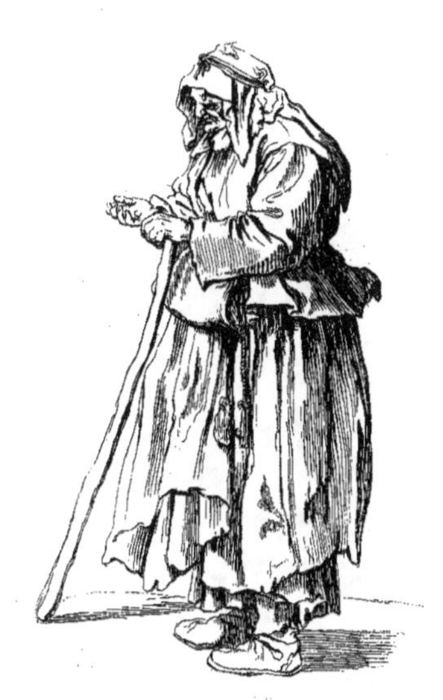

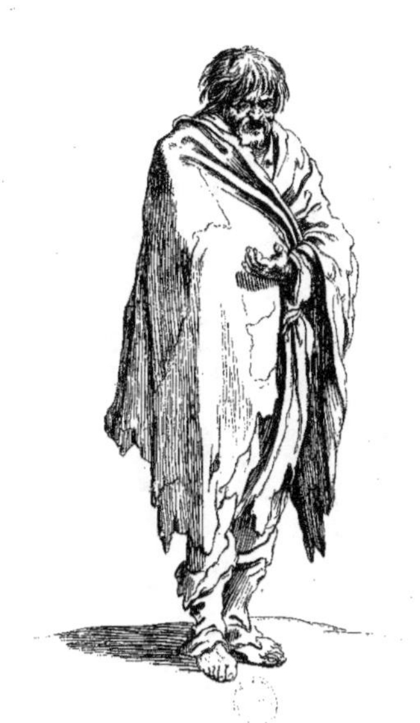

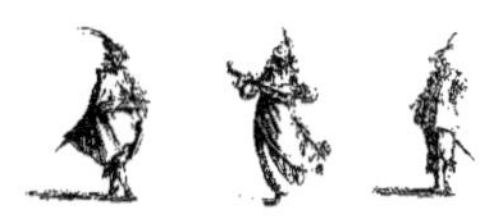

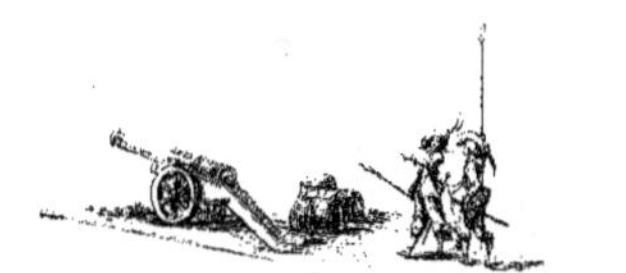

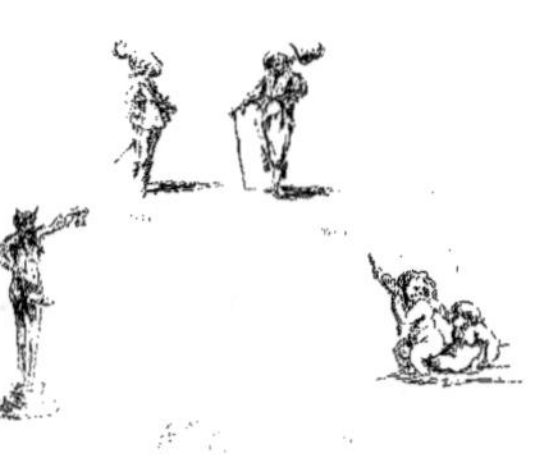

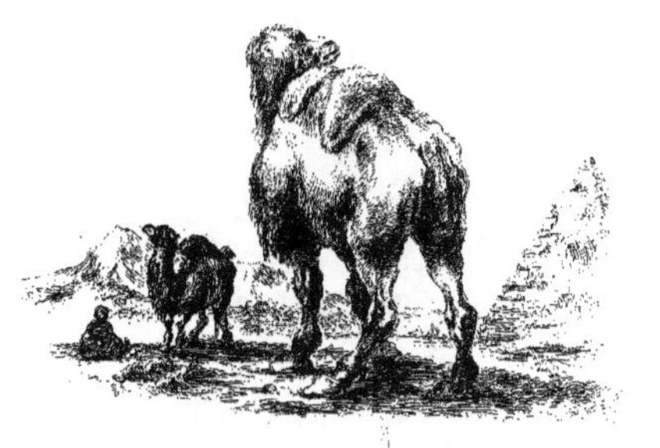

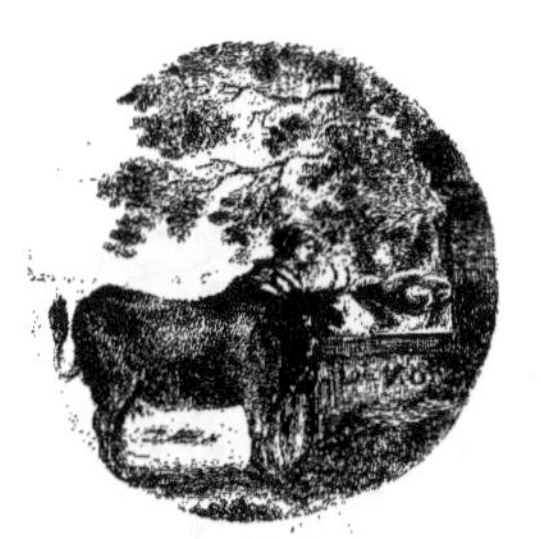

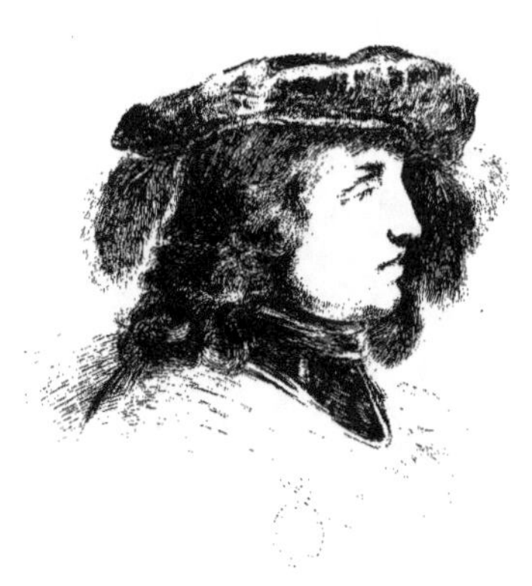

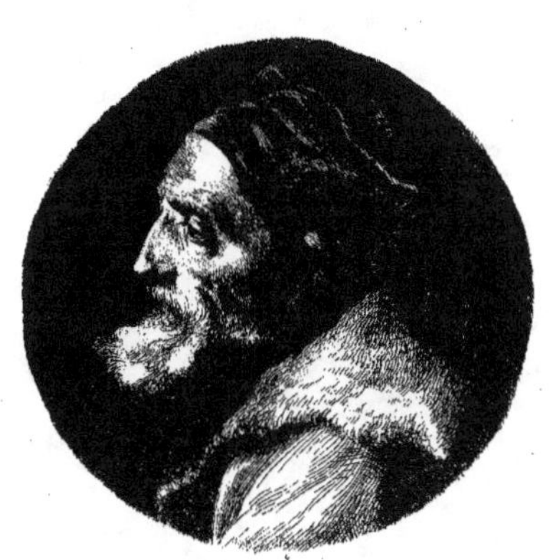

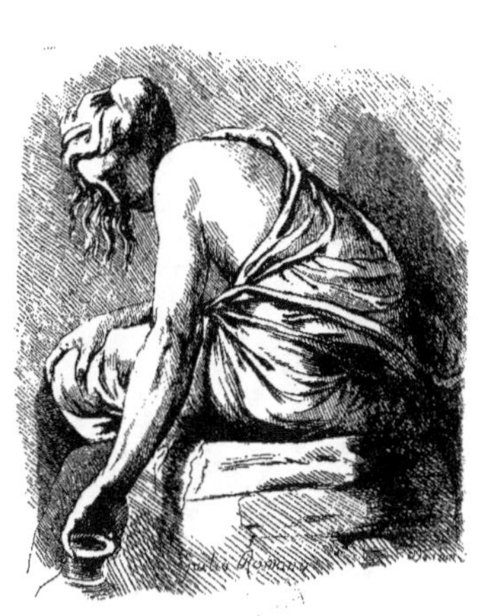

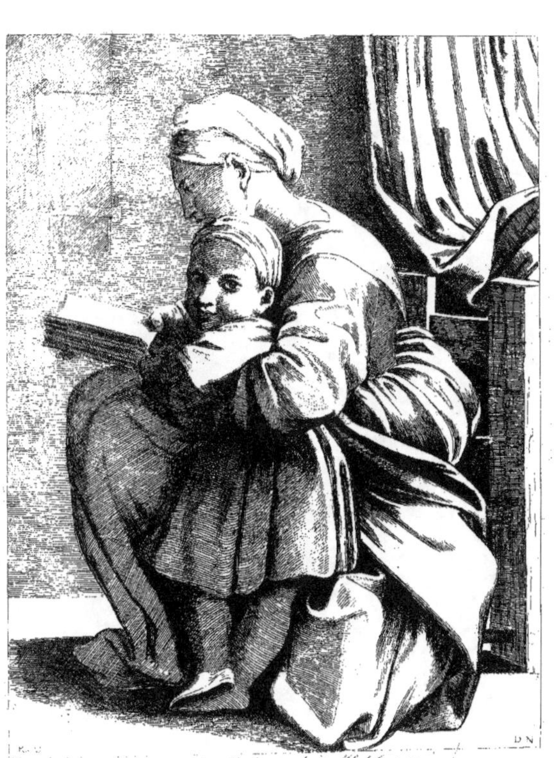

Tiré du Cabinet de M.r Denon.

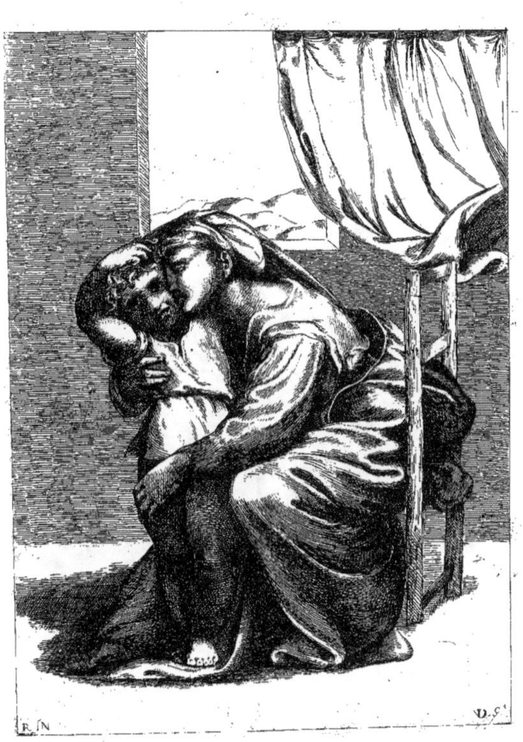

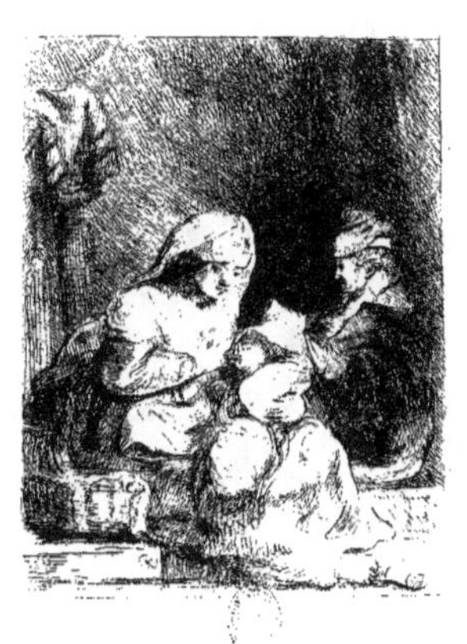

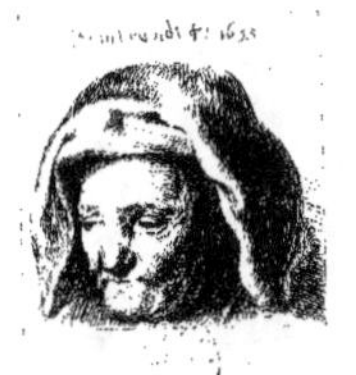

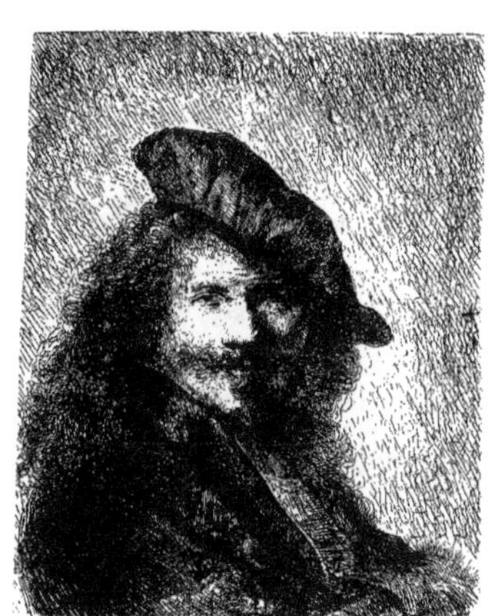

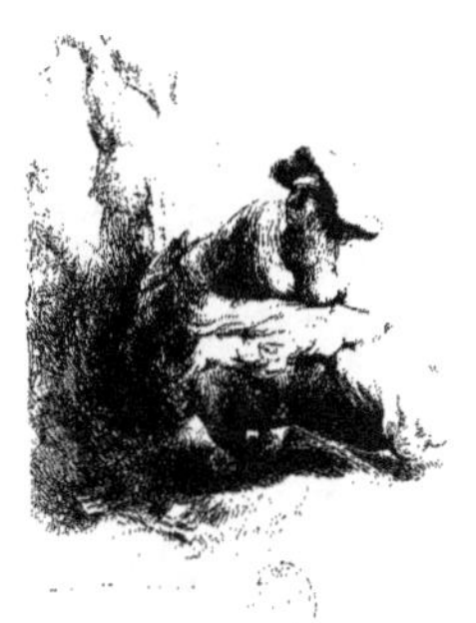

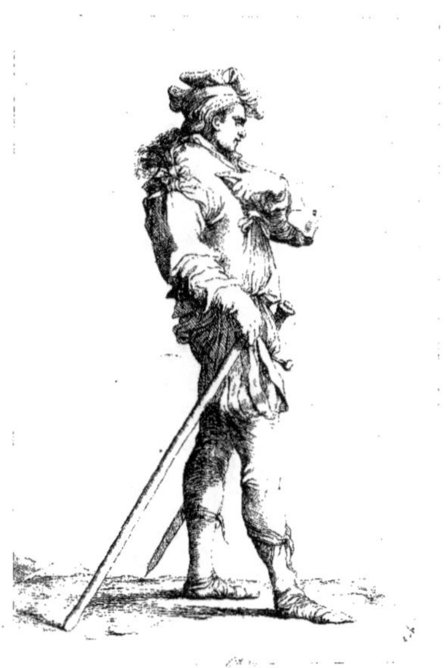

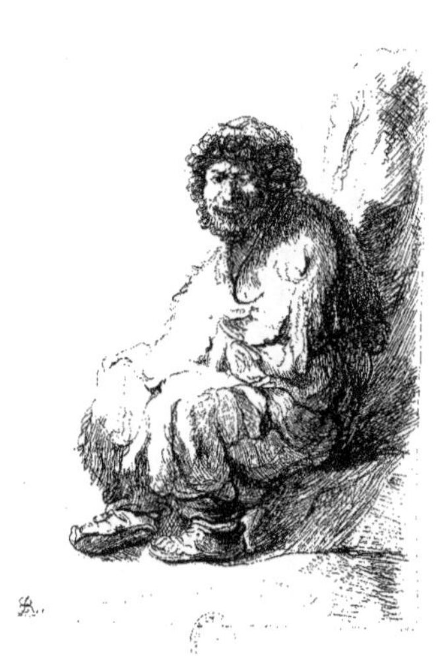

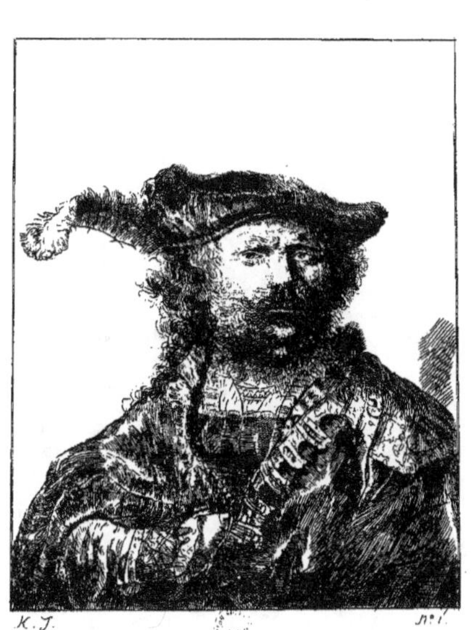
K. J.
N.º 1.

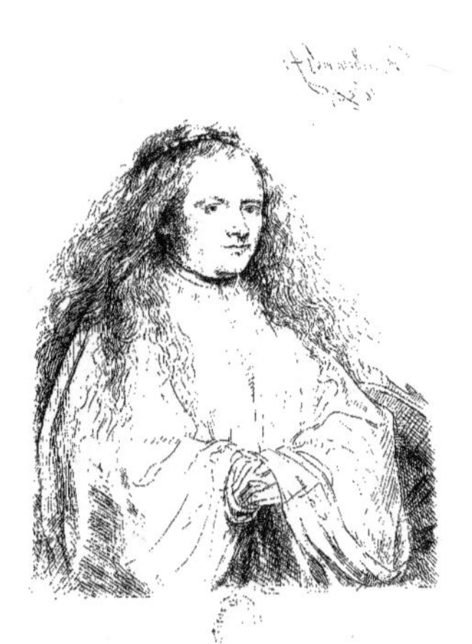

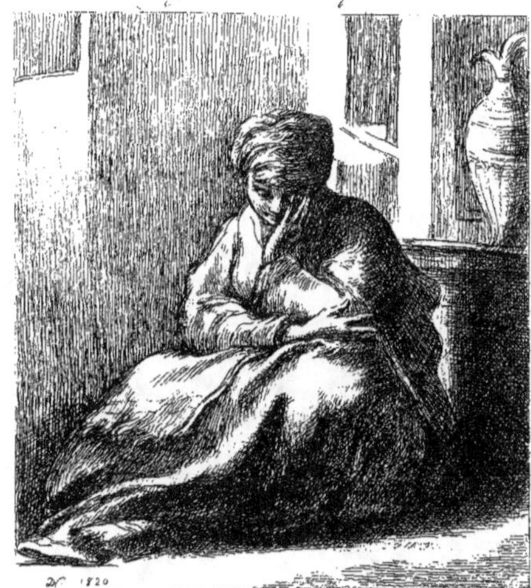

1.ᵉ Gravure à l'eau forte
N.º 1820
Parmigianino inv. et sculp.

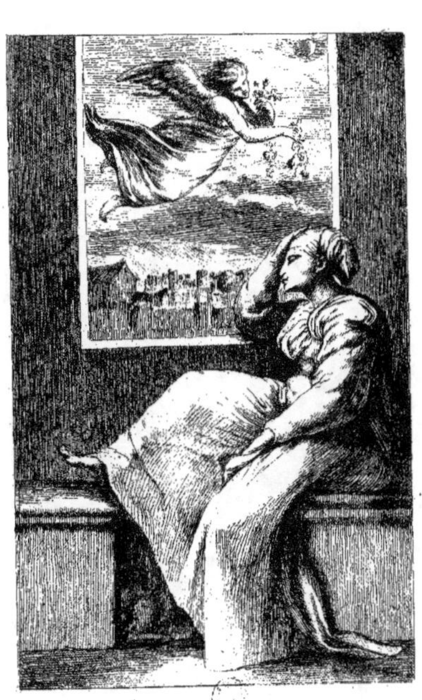

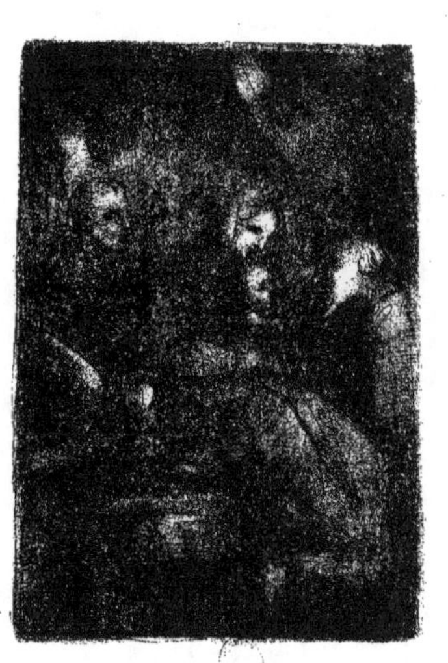

OEUVRE ORIGINALE

DE

VIVANT DENON

Huitième Série.

BILLETS DE VISITE.

(11 PIÈCES.)

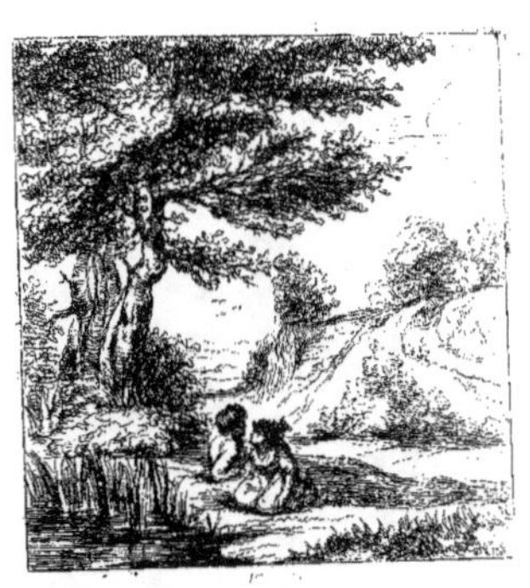

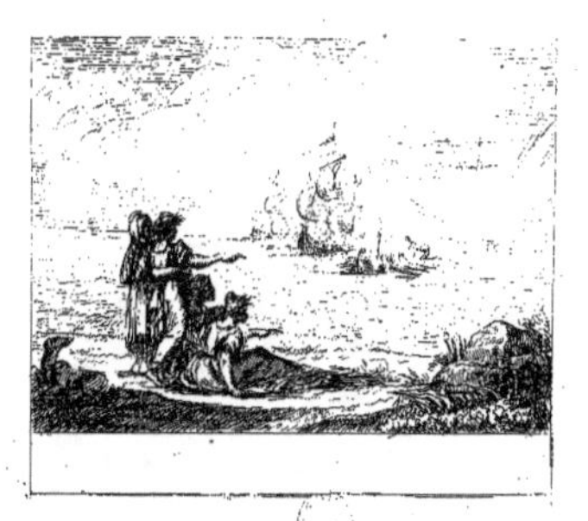

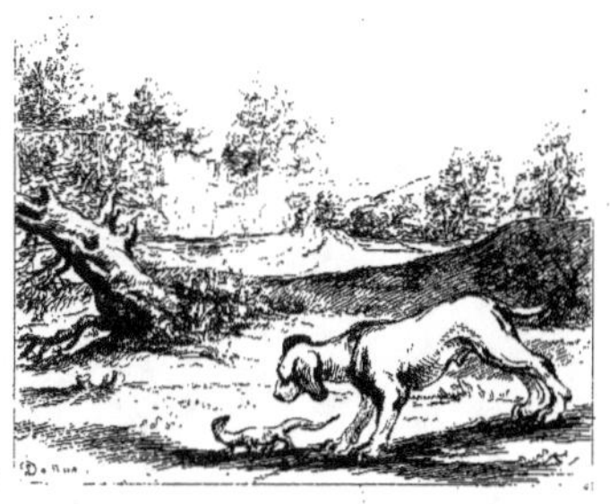

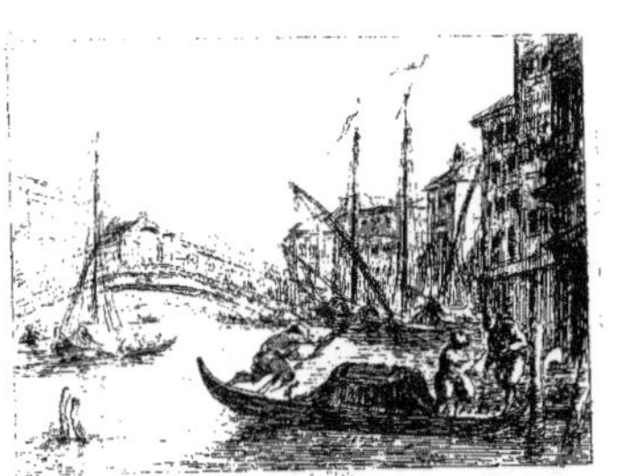

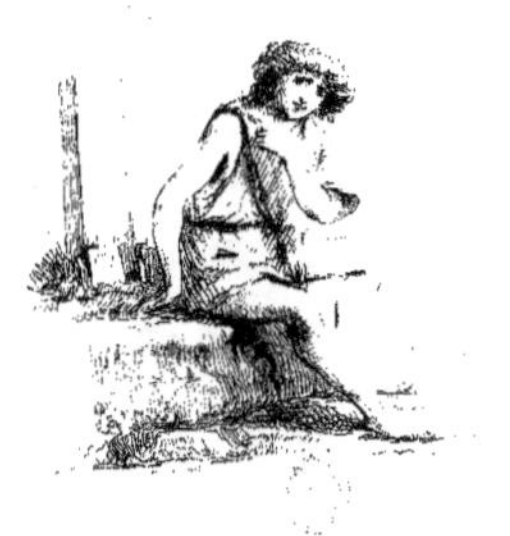

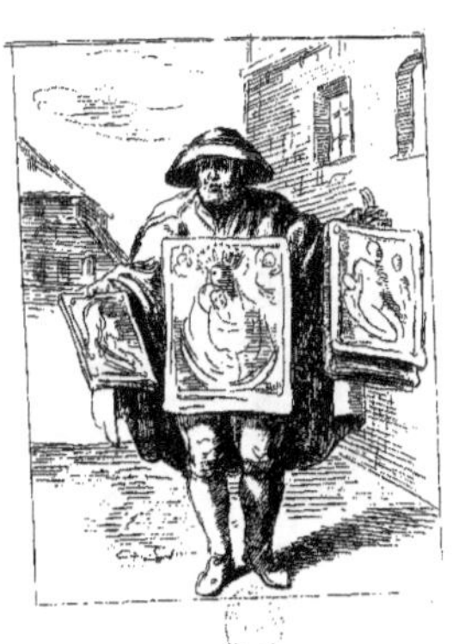

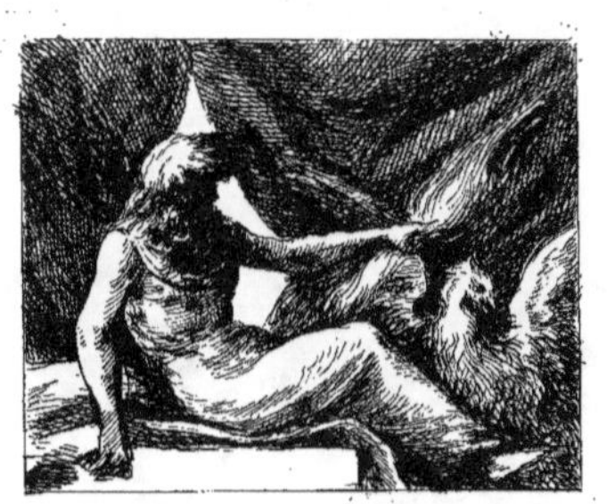

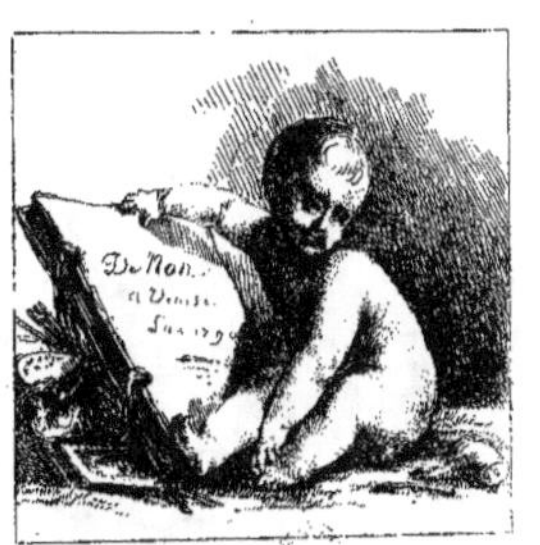
De Non.
a Venise
Jan 179

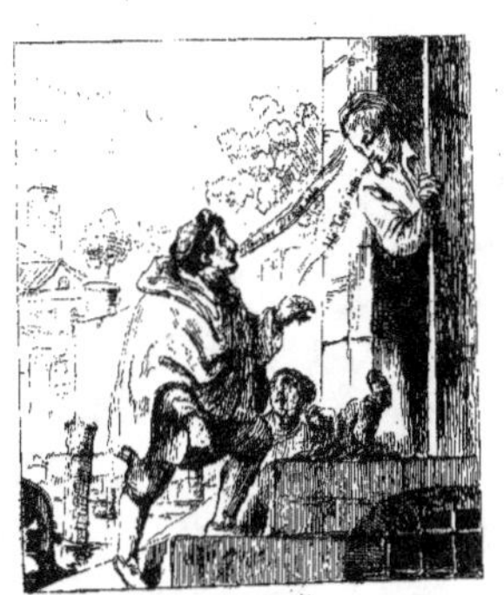

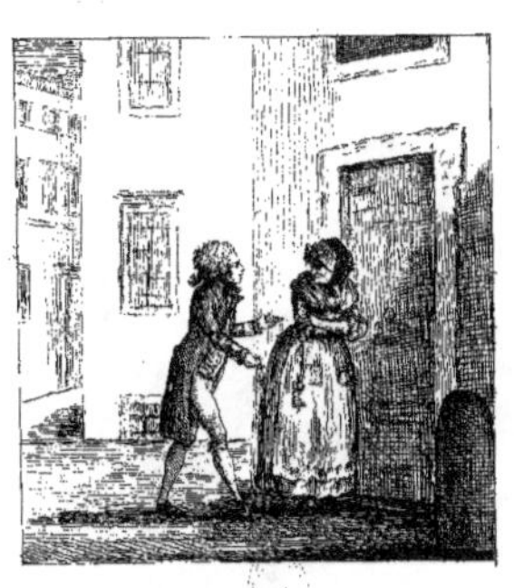

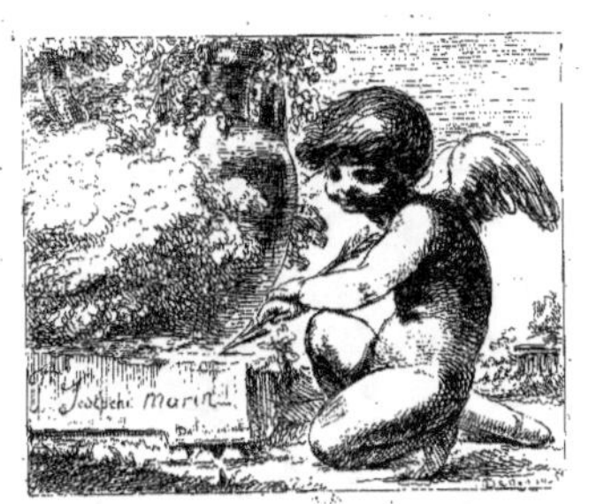

OEUVRE ORIGINALE

DE

VIVANT DENON

Neuvième Série.

SUJETS TIRÉS DU VOYAGE EN ÉGYPTE.

(12 pièces.)

268. Une planche d'antiquité égyptienne, 14 figures.
269. Musulmans et Santons, en prière devant la mosquée Saint-Athanase (ix-xxx)[1].
270. Jeunes Barabras ou habitants d'*au delà* du Nil : vont tous nus (lxii).
271. Femme égyptienne dans le harem, les cheveux épars (lxxiv).
272. La fête dans le harem (cxii, 1).
273. Égyptienne dans la maison. Égyptienne dans la rue (ci, 8).
274. Priapes en marbre, en terre et en bronze.

     Il est difficile de décider à quel style ils appartiennent, car ils ne sont ni romains, ni égyptiens, ni grecs. (xcviii, 35, 36, 37.)

275. Arrosement des terres et ablutions à la suite de la prière du matin (cii, 2).
276. Manière de monter l'eau des citernes. Porteurs d'eau et femmes venant au fleuve (cii, 3).
277. Offrande faite par un héros au dieu de la Reproduction (cxxiii, 7).
278. Peinture trouvée dans les tombeaux des rois, à Thèbes. Musiciennes (cxxxv, 27, 28, 29).
279. Une caravane dans un désert d'Égypte.

    1. Les chiffres romains et arabes entre parenthèses sont ceux des planches de l'atlas du *Voyage en Égypte.*

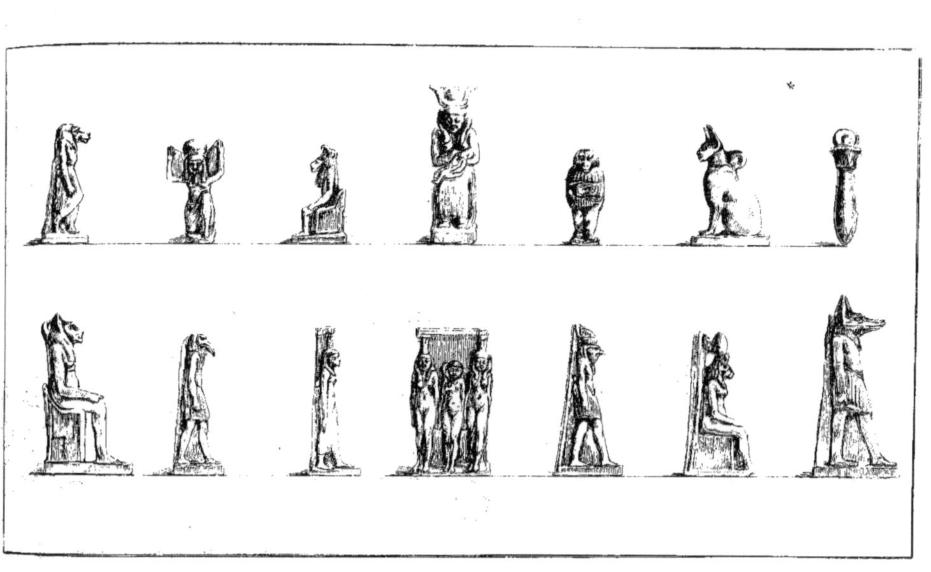

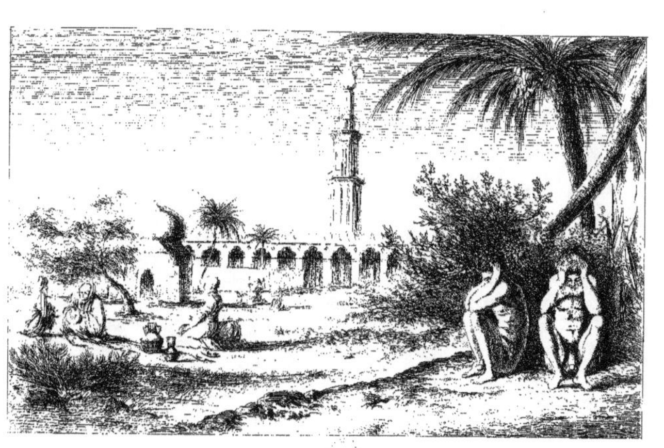

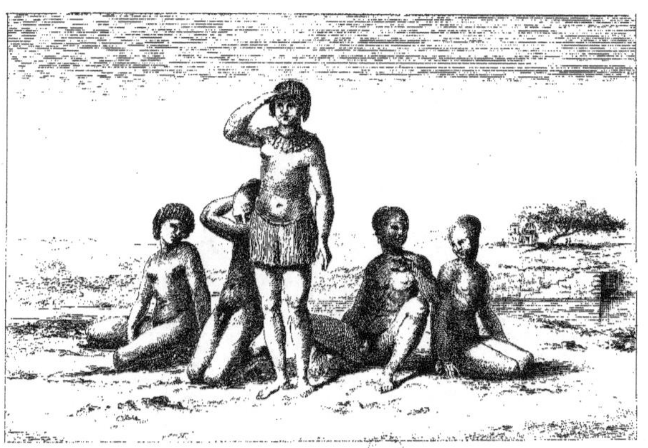

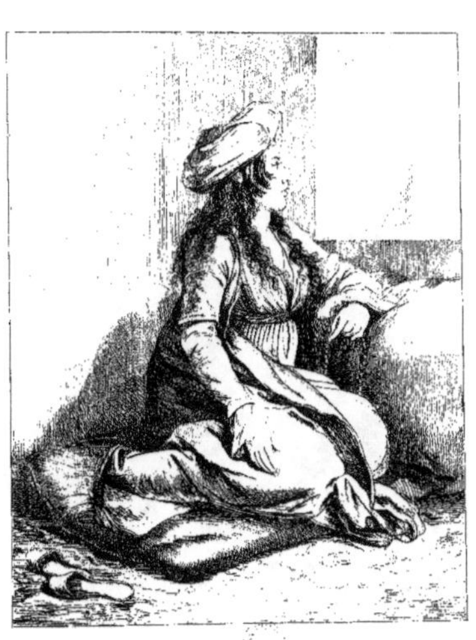

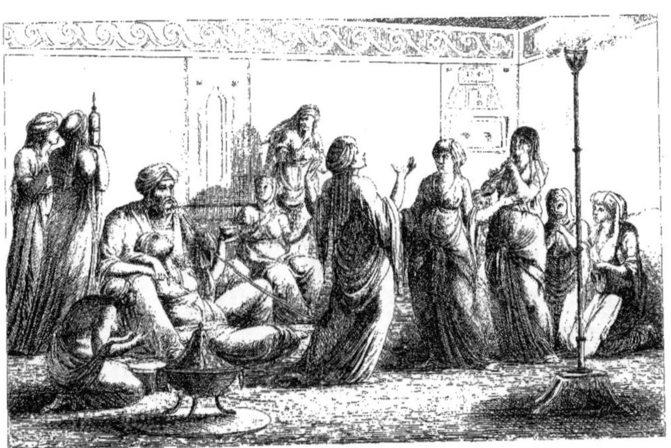

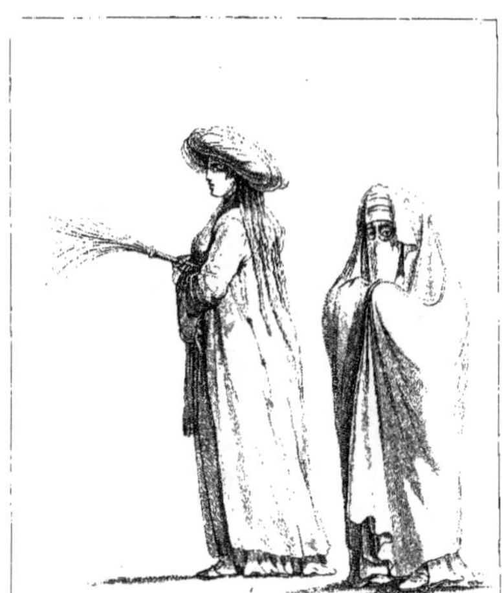

1 Égyptienne dans la maison. 2 Égyptienne dans la rue.

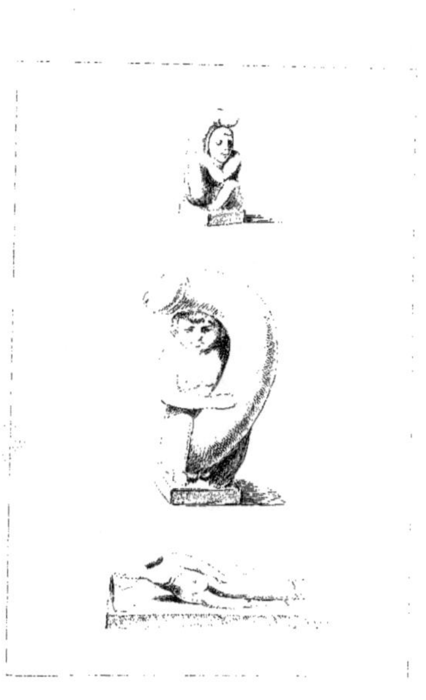

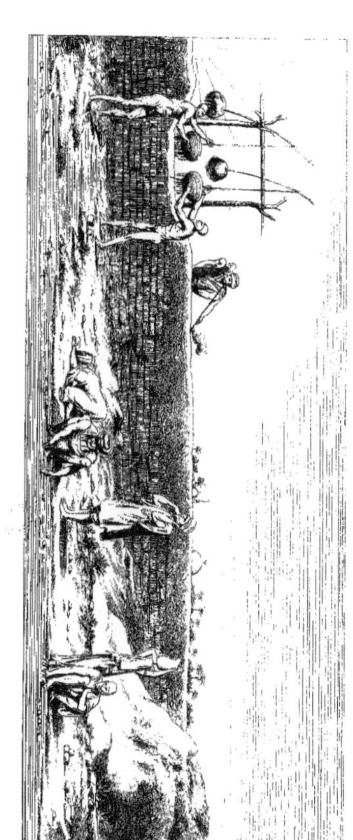

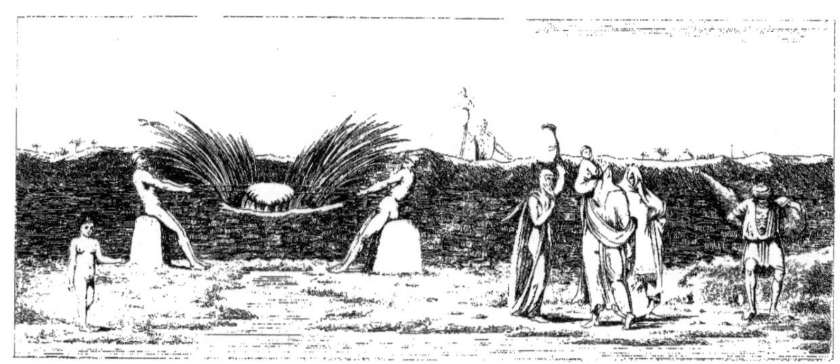

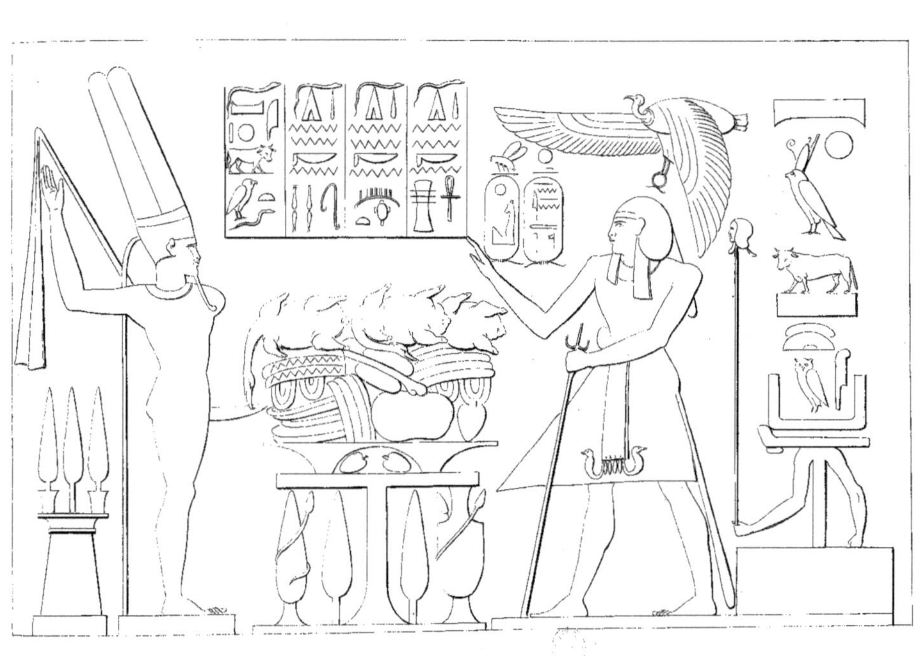

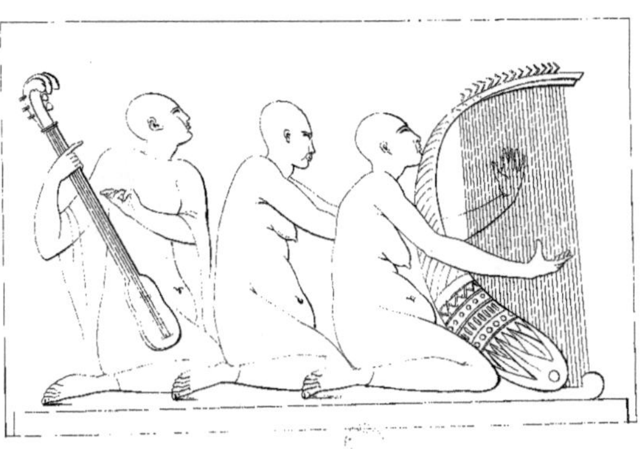

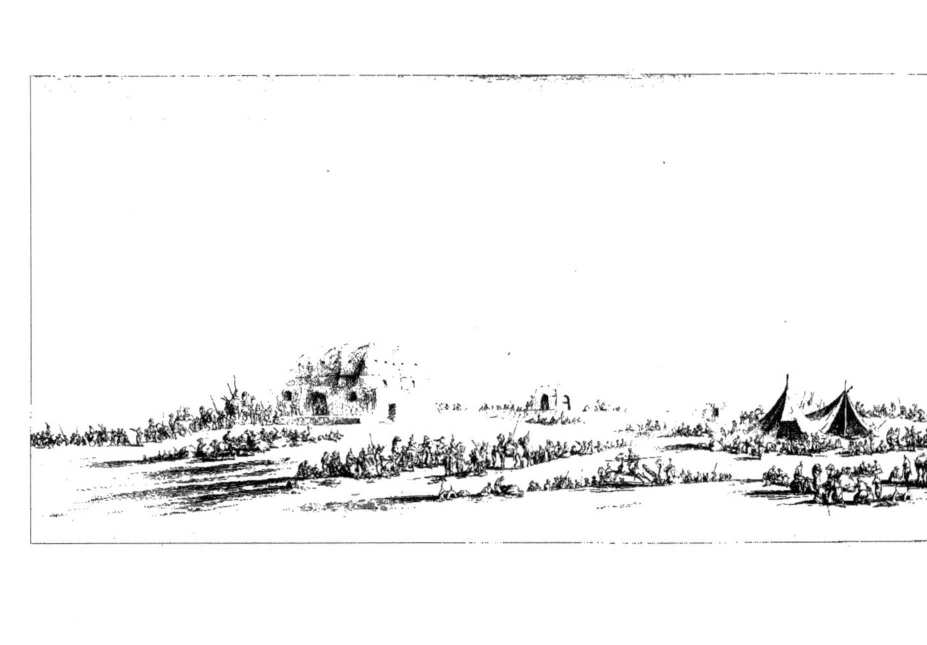

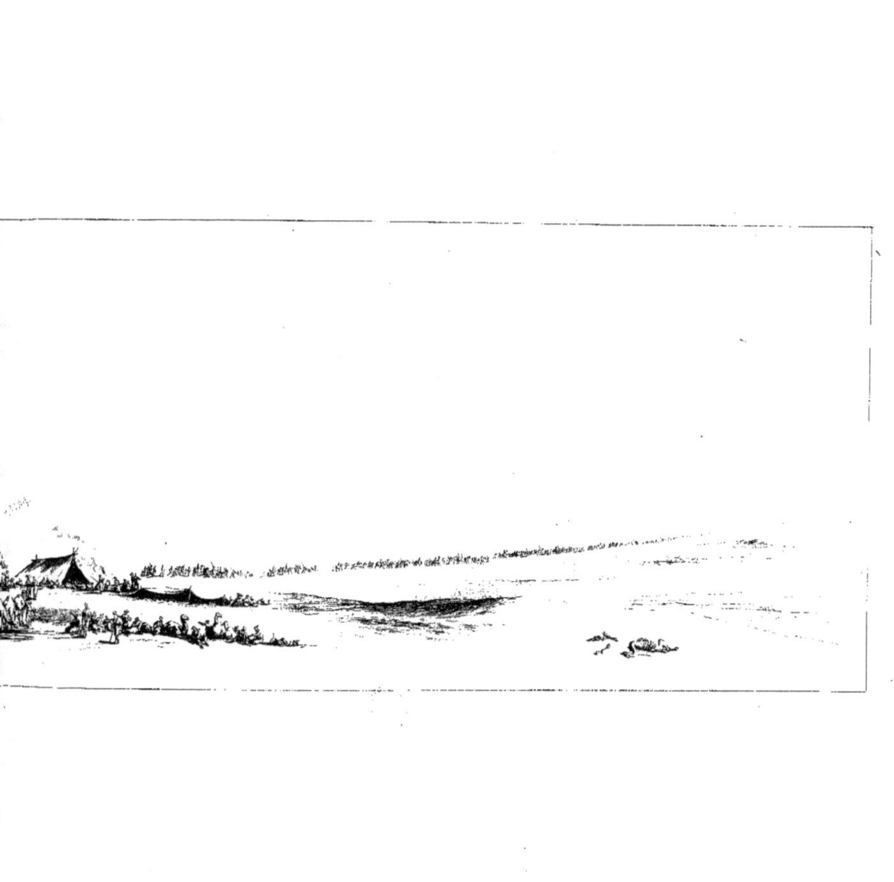

OEUVRE ORIGINALE

DE

VIVANT DENON

Dixième Série.

MÉDAILLES.

(6 PIÈCES.)

280. La vaccine.

> Esculape protège la beauté, sous la figure de la Vénus de Médicis ; à droite et à gauche du groupe, on remarque la lancette de l'opérateur et la génisse qui fournit le vaccin. Gravée par Andrieux. 1804.

281. Profil de Napoléon, empereur et roi. 1806.

> Gravé par Droz pour servir de face aux médailles frappées dans cette année.

282. La conquête de l'Illyrie. 1809.

> Cette médaille représente la richesse agricole symbolisée par une vache et son veau. La masse du boucher est placée en tête. Gravée par Dupaulis.

283. Naissance du roi de Rome. 1811.

> La France soutient l'enfant qui la caresse de la main. Gravée par Jouannin.

284. Départ de l'Empereur pour la campagne de France. 1814.

> L'impératrice Marie-Louise appuyée sur la ville de Paris présentant le royal enfant aux embrassements de son père, vêtu en guerrier antique.

285. Les Malheurs de la guerre. 1814.

> Un cosaque poursuit une jeune fille et une jeune mère, fuyant avec son enfant. A droite et à gauche du groupe, une ferme incendiée et des bestiaux égorgés symbolisent les horreurs de l'invasion.

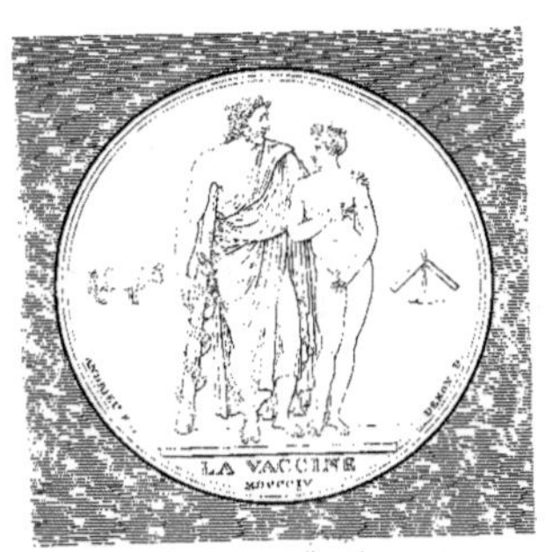

LA VACCINE
MDCCCIV

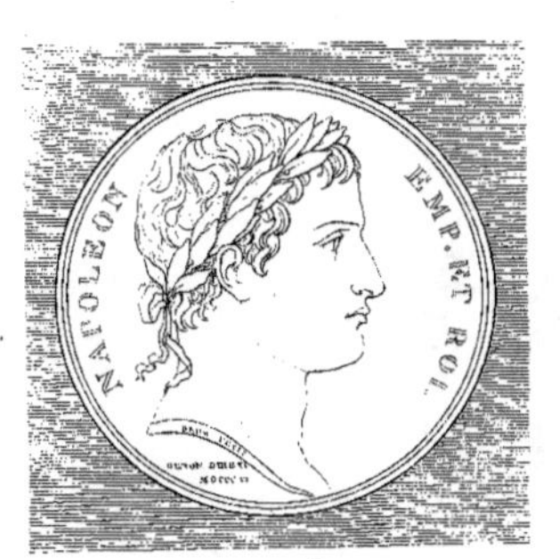

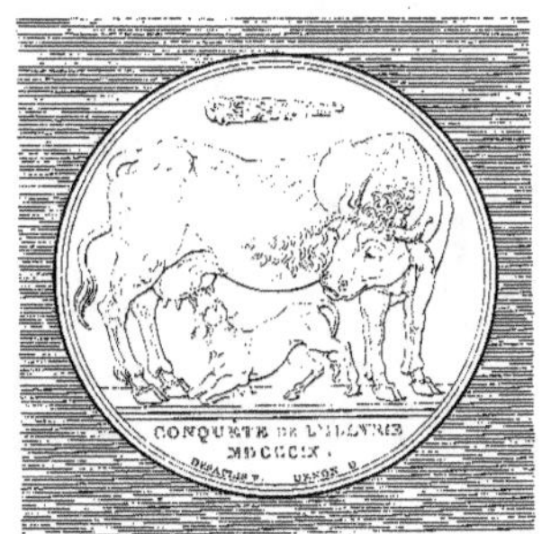

CONQUÊTE DE L'ILLYRIE
MDCCCIX.

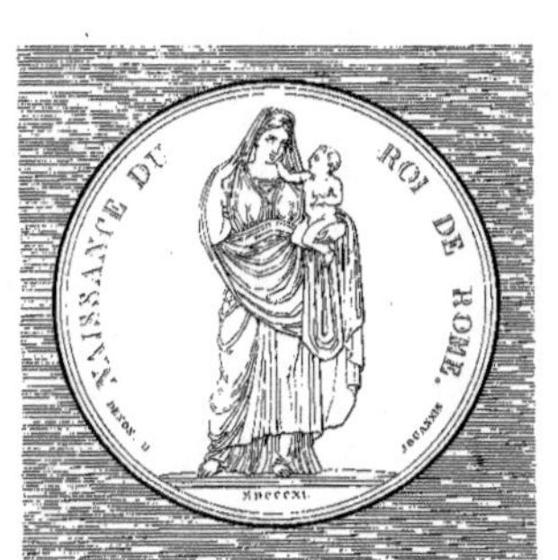

NAISSANCE DU ROI DE ROME.
MDCCCXI.

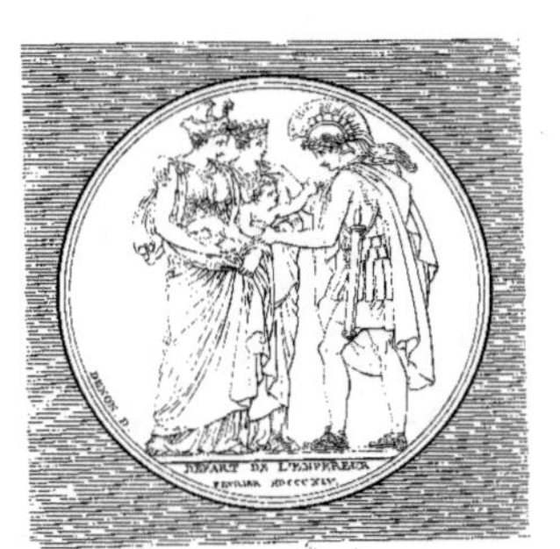

DÉPART DE L'EMPEREUR
FÉVRIER MDCCCXIV.

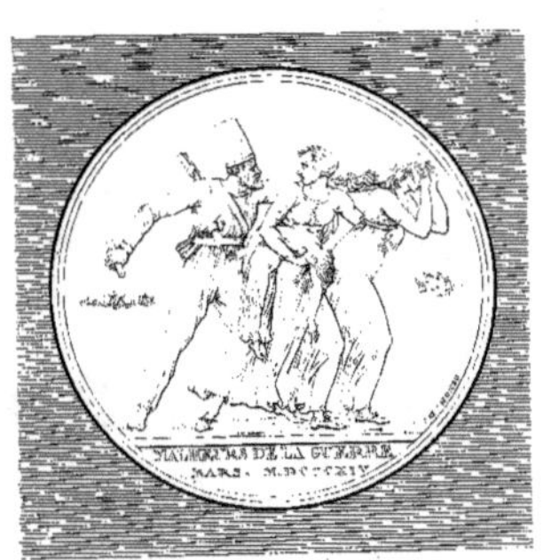

ŒUVRE ORIGINALE

D E

VIVANT DENON

Onzième Série.

PRIAPÉES ET SUJETS GALANTS.

(27 PIÈCES.)

286. Scènes lubriques entre des Silènes obèses et de jeunes filles.

> Comp. et gravée par Denon en 1793.

287. Scènes du même genre entre des Faunesses obèses et de jeunes hommes.

288. Une jeune fille offre sa virginité en sacrifice au dieu Priape.

> Son fiancé, sur lequel s'appuie le Grand-Prêtre, assiste, résigné, à la cérémonie ; dans le lointain une troupe de nymphes et de satyres apportent en triomphe une autre victime.

289. Hercule dans l'exercice du 13ᵉ de ses travaux.

> Il épouse et rend mères en une seule nuit les cinquante filles du roi Thestius.

290. Un satyre tient une nymphe assise sur ses deux mains et l'attire sur lui, tandis que la jeune amante lui caresse amoureusement la barbe.

291. Deux groupes d'amants se caressant.

292. Le satyre et la chèvre, d'après une peinture d'Herculanum.

*293. Le même sujet plus petit.

> Une jolie tête de femme et un autre petit croquis sont sur la même planche.

294. Offrande à Priape, d'après une pierre gravée, antique.

295. Jeune homme assis caressant une jeune fille debout devant lui, d'après une pierre gravée antique.

296. Groupe lascif de deux jeunes hommes, d'après une pierre gravée antique.

297. Groupe lascif de deux hommes et une femme, d'après une peinture antique du Musée de Naples.

298. Groupe obscène de deux hommes et deux femmes, d'après une peinture chinoise spinthrienne, du cabinet des curiosités orientales de Denon.

299. Le roi Phallus malade et défait, affaissé sur son trône, reçoit la visite de ses médecins qui apportent des remèdes et des réconfortants. Le principal d'entre eux lui lit l'ordonnance.

Gravé par Denon, d'après le dessin original de Federigo Zuccharo.

300. Le Phallus phénoménal.

> Un gigantesque Phallus est échoué sur une plage. Une grande affluence de femmes, de seigneurs, de bourgeois, de cavaliers viennent l'explorer; quelques-uns d'entre eux essayent de le gravir à l'aide de deux échelles. Gravé par Denon d'après le dessin original de Federigo Zuccharo.
>
> M. le comte d'I., dans son *Iconographie* des Estampes à sujets galants, dit que ces deux gravures ont été photographiées à Bruxelles en 1867. C'est une erreur. Ce sont les propres dessins à la plume et lavés au bistre, de F. Zuccharo, qui ont servi de modèle à ces photographies.

301. Le rêve d'une religieuse.

> Une jeune nonne, enlevée de son lit envahi par une troupe d'Amours, s'élève dans les airs nue et enlacée avec un ange qui l'entraîne dans les espaces imaginaires.
> Les Amours qui ont dévasté son lit jouent tout à l'entour avec ses vêtements religieux, sa robe, sa guimpe, son chapelet, son rosaire, etc.

302. Adam et Ève chassés du Paradis terrestre.

> L'ange les pousse à coups de pied dans le derrière.

***303. L'amour solitaire.**

> Une jeune fille nue, renversée sur un lit et dans l'attitude de la plus grande ivresse, cherche à se procurer les apparences du plaisir.

304. Une vieille proxénète compte l'argent que lui a donné un jeune cavalier pour jouir, sur son lit, des caresses d'une belle fille.

305. Un moine et une femme en conflit amoureux.

306. La belle Napolitaine vue de face.

307. La belle Napolitaine vue de dos.

308. Jeux d'enfants.

> Un enfant pisse dans un pot qu'un autre enfant lui présente.

***309.** Le garnisseur de fond de culotte, composition scatologique, tirée des *Contes à rire*.

310. Couple amoureux : un jeune homme embrasse une jeune femme assise de côté sur ses genoux.

***311.** Une femme et une chèvre, d'après une lampe antique.

> Cette pièce n'a jamais fait partie des Priapées et figure au catalogue de la Chalcographie de 1803.

312. Le Roman universel.

> Grande composition oblongue en six compartiments dans lesquels sont représentées les différentes péripéties de l'amour depuis la déclaration jusqu'à la rupture. Une légende inscrite au-dessous de ce dernier sujet porte ces mots : *Ici, comme au jeu de l'oie on est un coup sans jouer et on retourne au n° 2.*

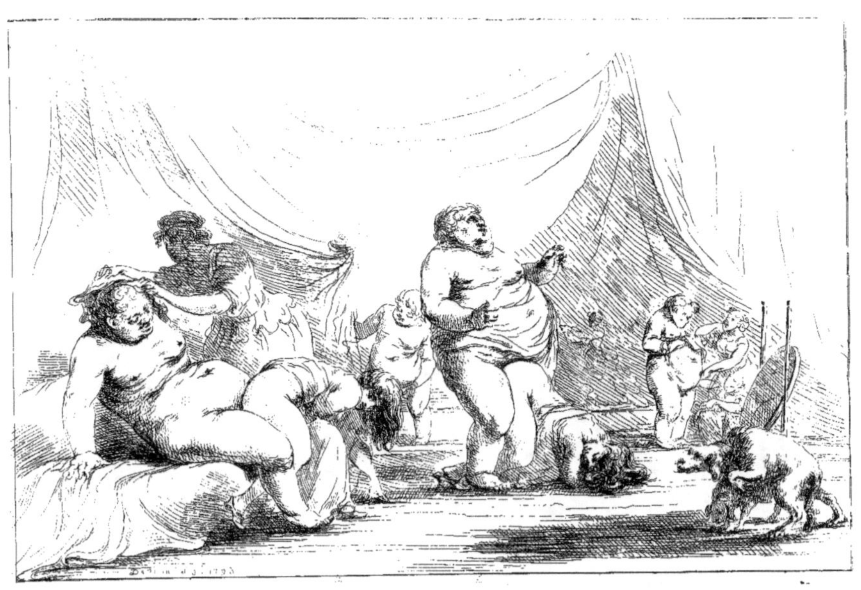

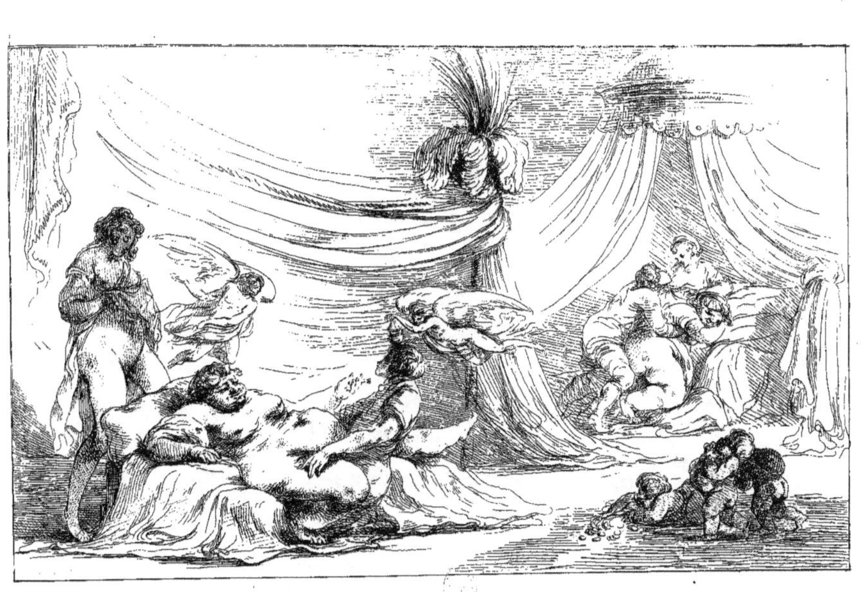

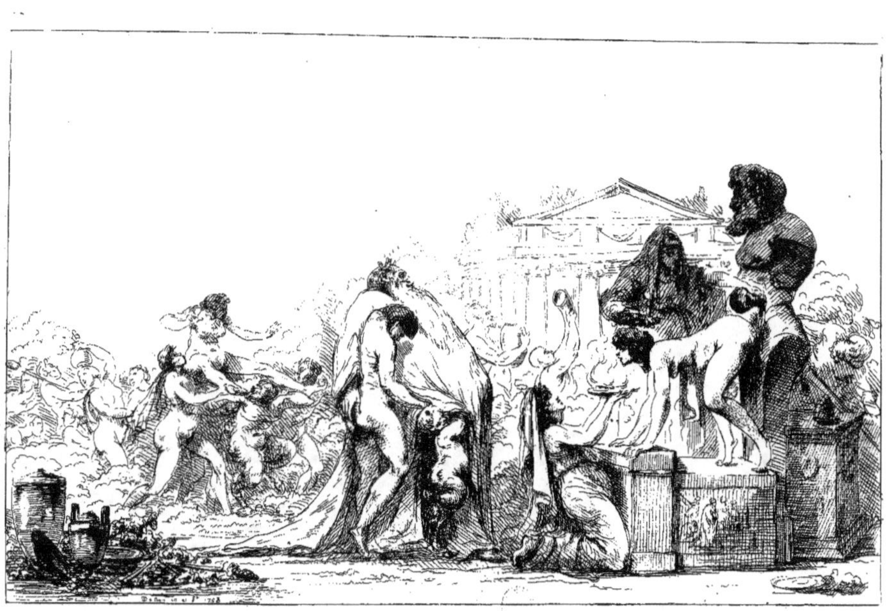

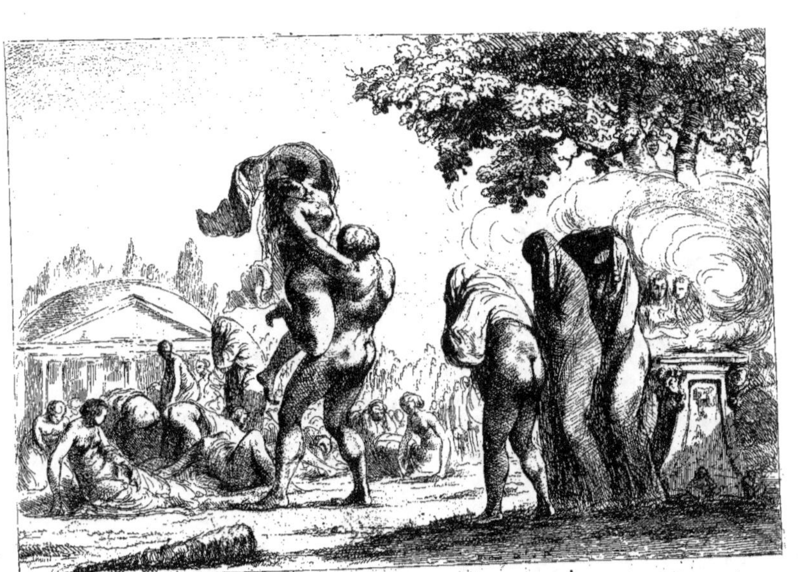

Les Noces des 50 Filles du Roy Testie le 13.me des Travaux d'hercule

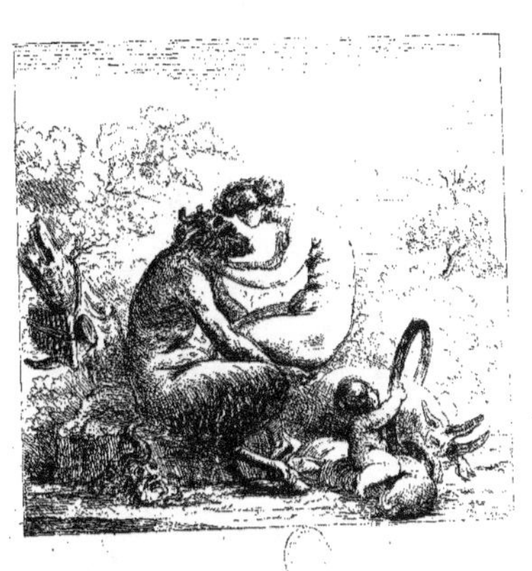

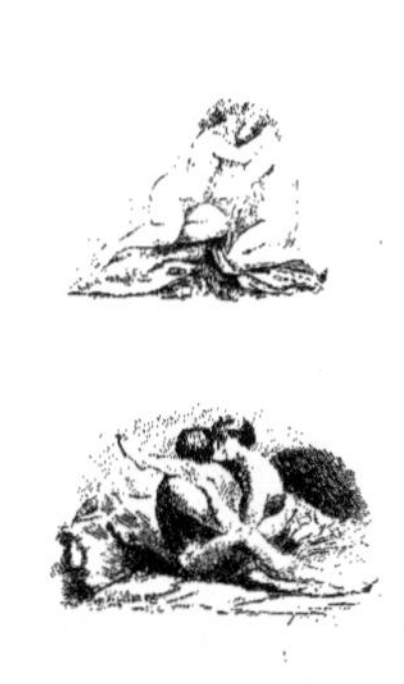

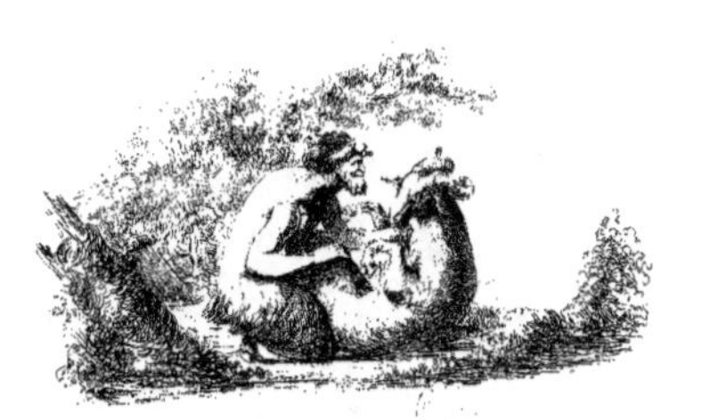

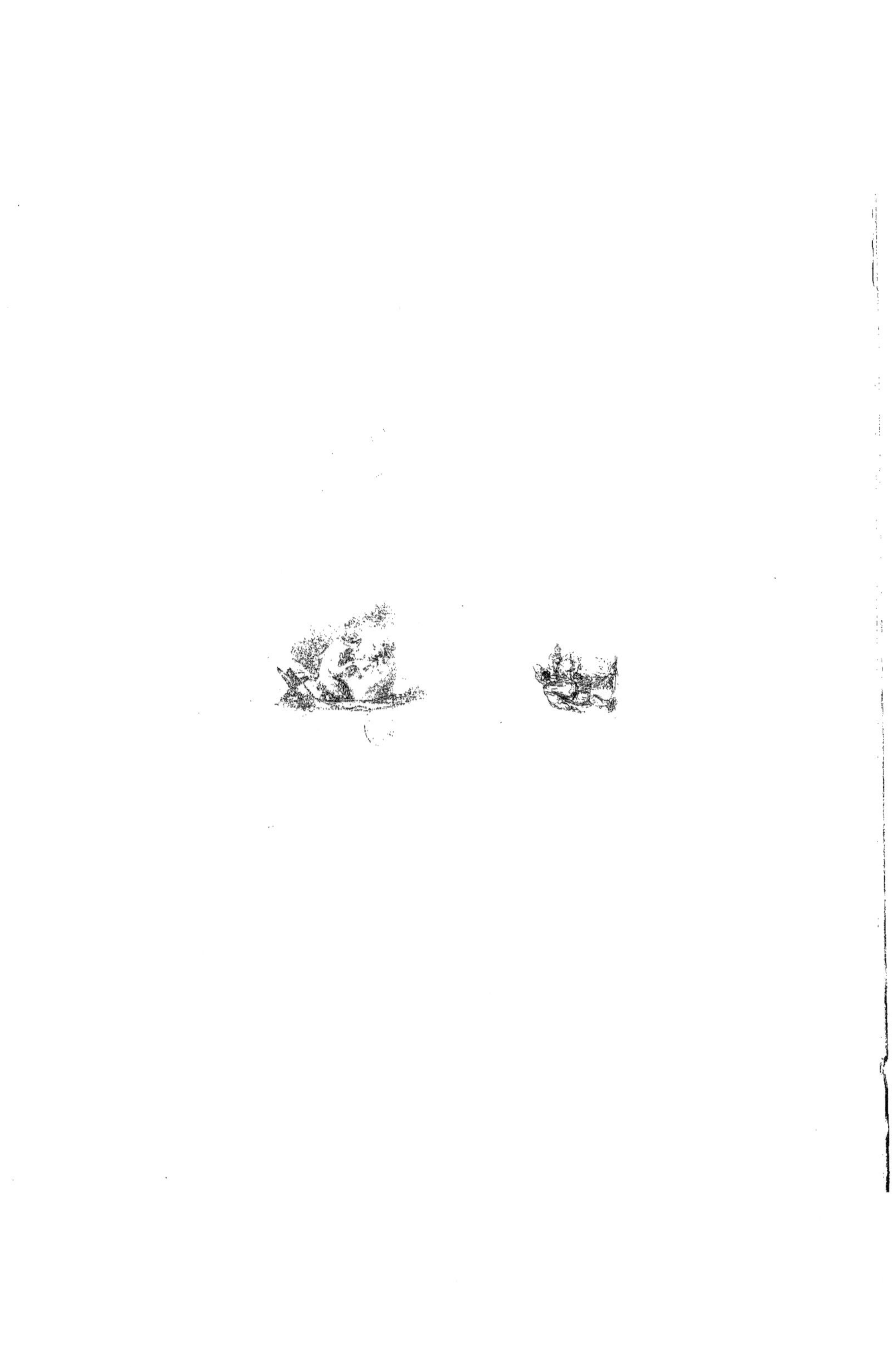

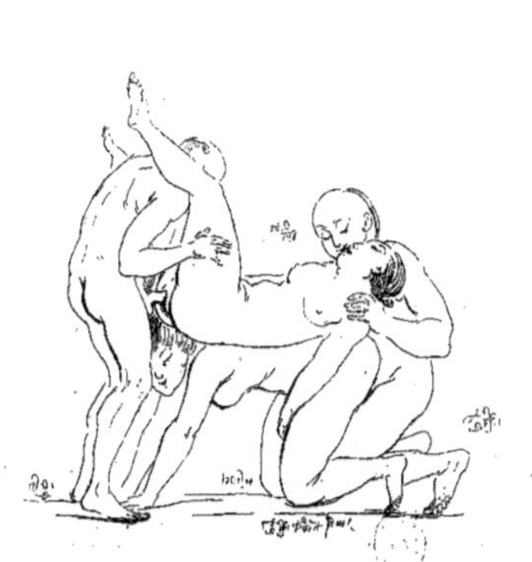

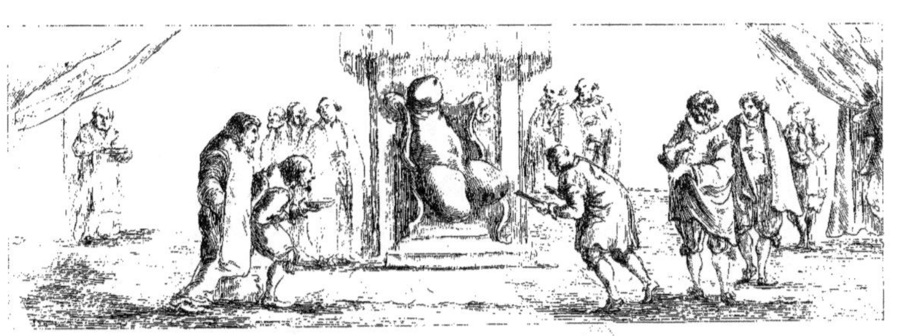

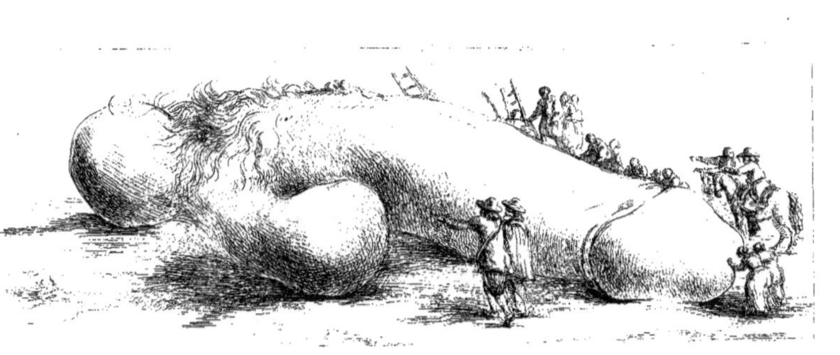

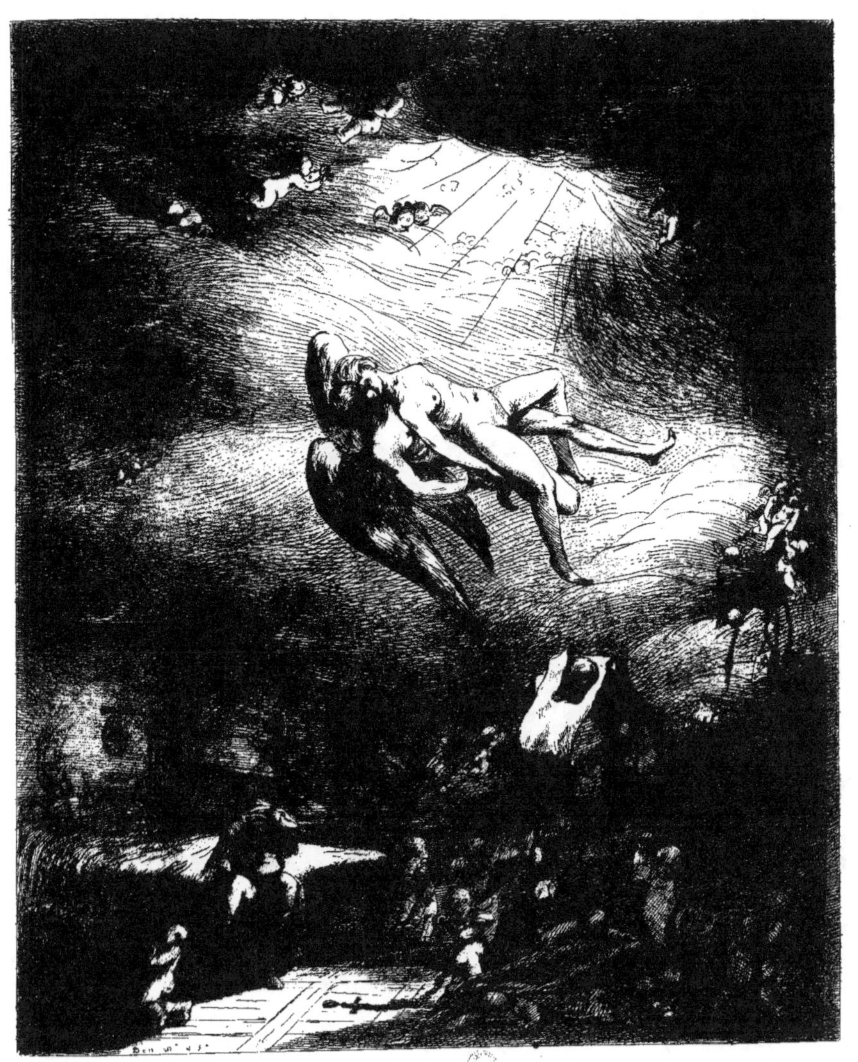

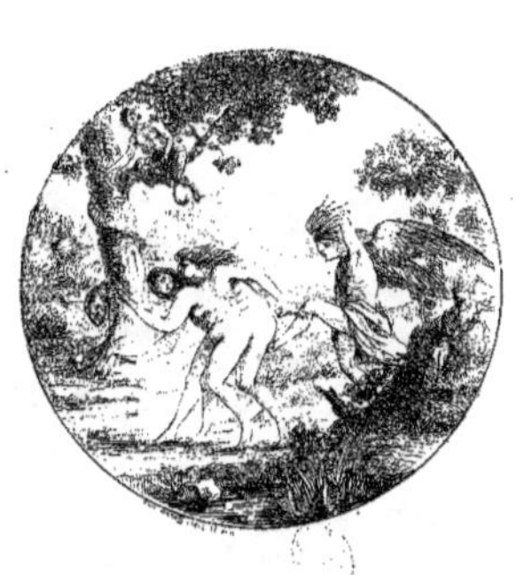

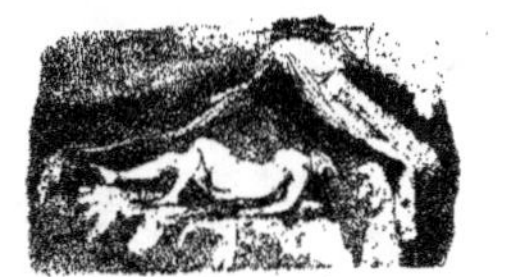

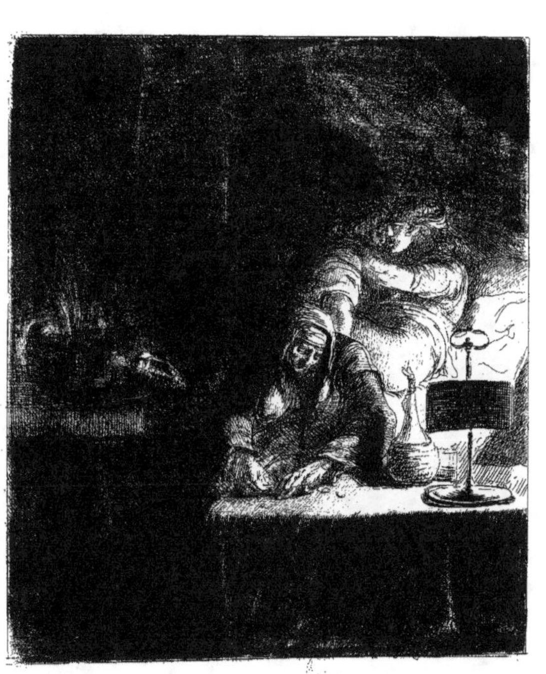

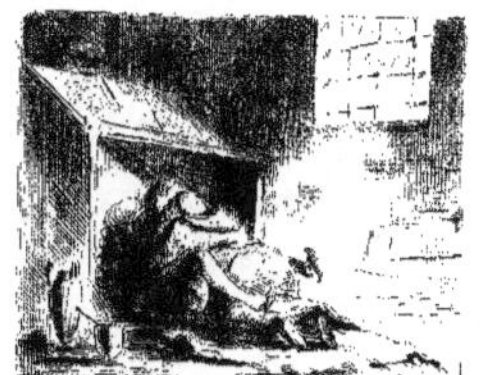

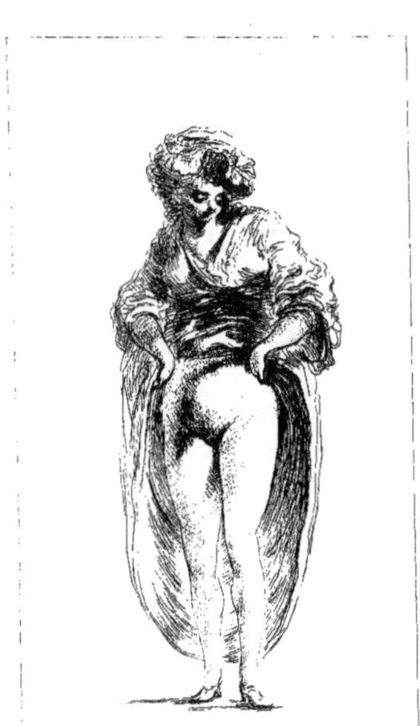

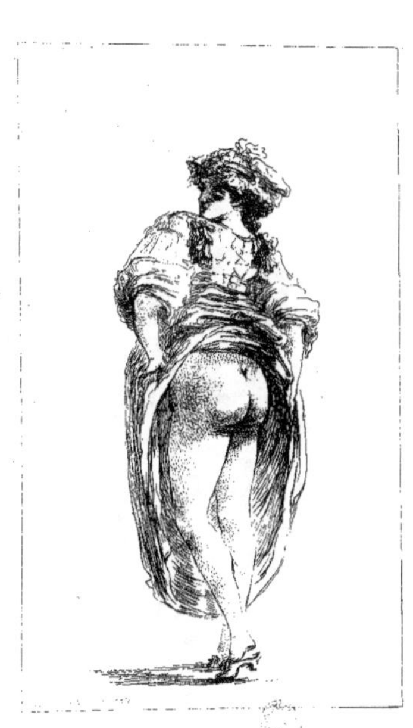

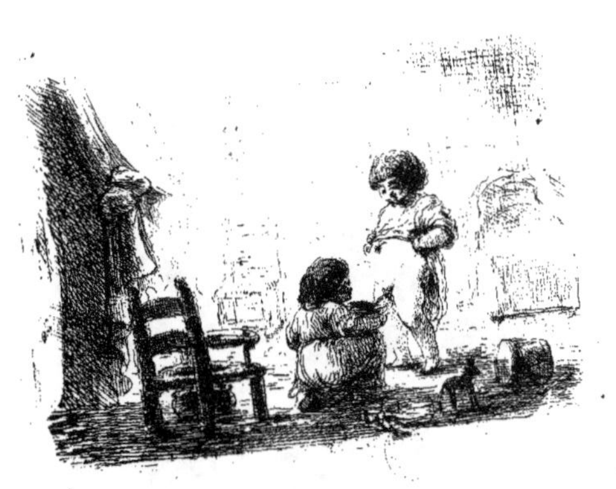

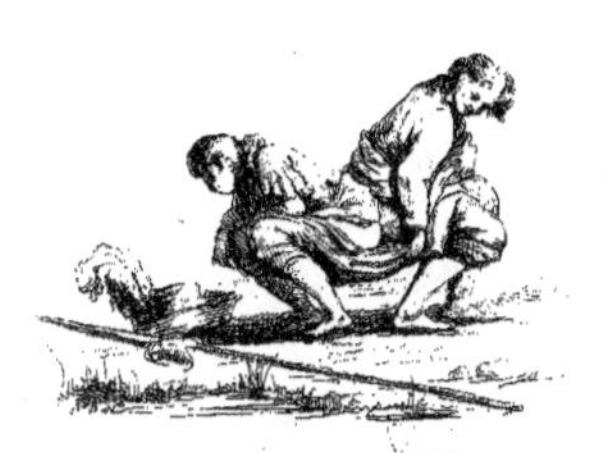

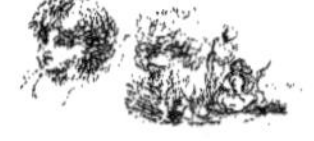

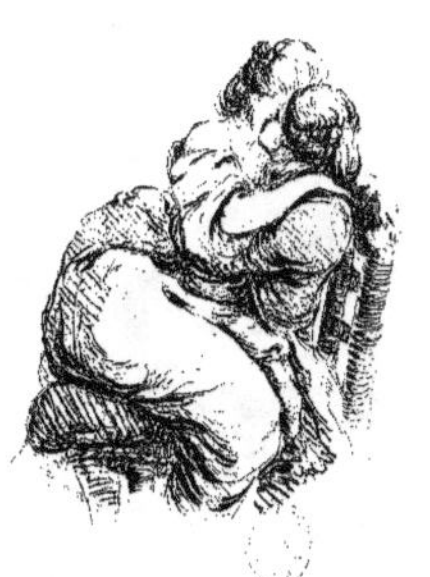

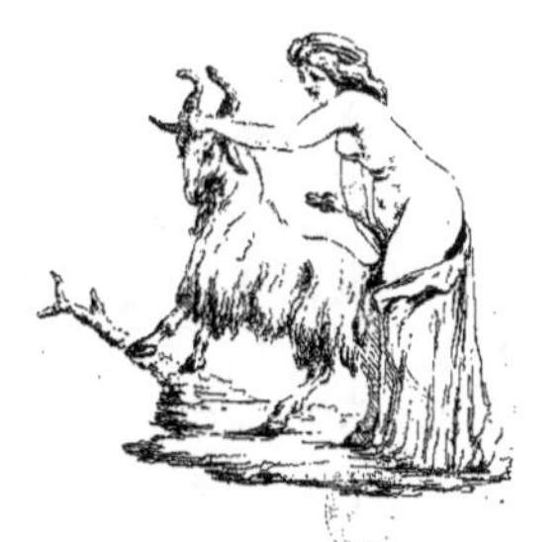

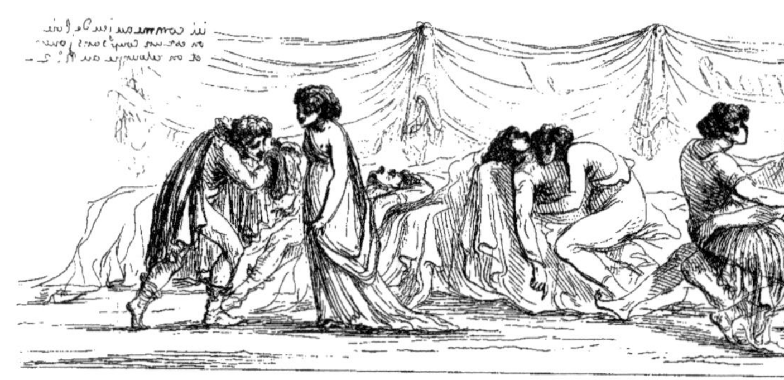

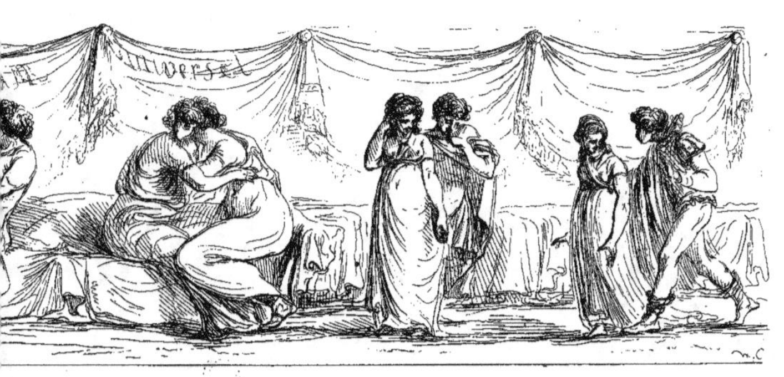

CATALOGUE

DES

ESTAMPES GRAVÉES

PAR LE CITOYEN

D. VIVANT DENON

MEMBRE DE L'INSTITUT NATIONAL DE FRANCE, DE CELUI DE BOLOGNE ET DES ACADÉMIES DES ARTS
DE FLORENCE ET DE VENISE

ESTAMPES

D'APRÈS LES TABLEAUX DE DIFFÉRENTS MAITRES.

Nᵒˢ d'ordre. Noms des peintres.		Prix.
*¹ 1. Angosciola (S.).	Femme jouant aux échecs	1 »
2. Bassan.	Petite Crèche.	» 60
* 3. Breughel.	Fragment d'un tableau	1 20
4. Carrache (A.).	N.-S. sur les genoux de la Vierge.	16 »
5. —	Adoration des Bergers.	9 »
6. Carrache (L.).	Abraham et les trois Anges.	3 »
* 7. Clovio (G.).	Un homme qui souffle un charbon.	» 60
8. Corrége (A.).	Partie principale du tableau intitulé le Saint Jérôme. .	5 »
* 9. —	Mariage de sainte Catherine.	1 20
* 10. —	Repos en Égypte ou Vierge au lapin.	3 »
* 11. —	Tête d'ange.	» 50
* 12. —	Autre tête d'ange	» 50
* 13. —	Deux bustes d'enfants.	1 »
14. —	Une Femme et un Enfant qui dorment.	3 »
15. Garofalo (B.).	Cinq têtes.	1 20
* 16. Greuze.	Buste de jeune garçon.	» 60
* 17. —	Buste de jeune fille	» 60
18. Honduorst.	Plusieurs Figures autour d'une table.	1 20
19. Maés (N.).	La Crèche.	15 »
20. Metzu.	Philosophe lisant	3 »
21. Ostade.	Buste d'homme qui fume.	» 60
22. Quadal.	Deux lions et une lionne.	6 »
23. Rembrandt.	Effet de nuit dans un intérieur.	20 »
24. —	Joseph expliquant ses songes à sa famille.	10 »
25. —	La Samaritaine	12 »
26. —	L'Ange quittant la famille de Tobie	12 »
27. Rosa (Salv.).	La Conjuration de Catilina	12 »
	À reporter. . . .	139 80

1. L'astérisque placé devant le titre d'une gravure indique qu'elle fait partie de cet ouvrage.

Nᵒˢ d'ordre.	Noms des peintres.		Prix.
		Montant d'autre part. . .	139 80
* 28.	Rosso (H.).	Un Ange jouant du luth.	1 20
29.	Sneyders.	Chasse au sanglier.	6 »
30.	Téniers (D.).	Départ pour le Sabbat.	4 »
* 31.	—	Fumeurs près d'une table.	» 60
32	Tintoret.	Adoration des Bergers.	6 »
33	Titien.	La Présentation au Temple.	6 »
34.		Saint Pierre martyr.	12 »
35.	—	Amour couché tenant son arc.	1 20

ESTAMPES

D'APRÈS LES DESSINS DE DIFFÉRENTS MAITRES.

* 36.	Abbati (N. dell').	Vierge assise tenant l'enfant Jésus.	1 »
37.	Bourguignon.	Têtes de chevaux	1 80
* 38.	Callot (J.).	Des assassins.	» 60
39.	Carrache.	Jeune homme conduisant un aveugle.	» 60
40.	—	Femme assise et deux enfants.	» 60
* 41.	—	Saint François	» 60
42.	Coltellini (Constance).	Femme disant la bonne aventure.	» 60
* 43.	—	Femme et enfants autour d'une table. . . .	» 60
* 44.	—	Groupe de quatre têtes.	» 60
45.	Dyck (A. Van).	Deux bustes	6 »
46.	Fragonard.	Homme et femme jouant avec un enfant et un chien . .	1 20
* 47.	—	Famille de Mendiants.	» 60
* 48.	—	Six sujets pour l'histoire de Don Quichotte. . . .	3 »
49.	Guerchin.	La Vierge à la pie. , ...	3 »
* 50.	—	Jésus au milieu des Docteurs.	5 »
* 51.	—	Joseph et la Femme de Putiphar.	3 »
* 52.	—	Constantin recevant l'étendard de la foi.	3 »
53.	—	La Mort.	4 »
54.	—	Les Disciples d'Emmaüs	3 »
55.	—	Bal masqué	5 »
* 56.	—	Le Cuisinier	1 50
* 57.	—	Femme tenant un Enfant.	1 20
* 58.	—	Femme au bain.	1 20
59.	—	Soldat casqué.	1 »
* 60.	—	Vieillard à longue barbe.	1 20
61.	—	La Peinture	3 »
62.	—	Homme et Femme en regard.	3 »
* 63.	—	Épicier levantin.	1 20
* 64.	—	Vieillard tenant deux Enfants.	» 60
* 65.	—	Buste de jeune homme à moustaches	1 20
* 66.	—	Buste de femme portant une corbeille	1 20
* 67.	—	Buste de jeune homme les yeux baissés.	1 »
68.	—	Quatre figures qui cherchent leurs poux.	3 »
		A reporter. . .	240 90

N⁰ˢ d'ordre.   Noms des peintres.   Prix.

N°	Peintre	Titre	Prix
		Montant d'autre part. . .	240 90
69.	GUERCHIN.	Résurrection de Lazare	6 »
70.	PARMESAN.	Présentation au Temple, cintrée et au trait.	1 20
71.	—	Chandelier à sept branches.	1 20
72.	—	Mariage de sainte Catherine.	1 20
73.	—	Femme portant un vase sur la tête	1 20
74.	—	Le Génie du feu.	1 20
75.	—	Deux femmes au bain.	» 60
76.	—	Groupe de têtes dont une cornue.	1 20
77.	—	Groupe de têtes de Vieillards	» 60
78.	—	Figure debout qui écrit.	» 60
79.	—	Deux Figures assises.	» 60
80.	—	École de jeunes filles.	1 20
81.	—	Homme et Femme tenant un enfant dans un berceau.	4 »
82.	—	Énée et Anchise.	» 60
83.	—	Moïse, Adam et Ève.	» 60
84.	—	Une Sainte-Famille et saint Antoine.	» 60
85.	RAPHAËL.	La Calomnie	15 »
86.	REMBRANDT.	Un Lion rongeant un os.	1 20
87.	TITIEN.	Femme et Enfant à cheval, imitation de gravure sur bois.	1 50
88.	—	Figures près d'un pont rompu, imitat. de grav. sur bois.	» 60

PAYSAGES

N°	Peintre	Titre	Prix
89.	BREUGHEL.	Paysage.	3 »
90.	CANALETTO.	Fabriques et Paysage.	6 »
91.	DENON (D. V.).	Jardin anglais.	1 »
92.	—	Vue de Vaprio dans le Milanez.	» 60
93.	—	Vue d'Arona sur le lac Majeur.	» 60
94.	—	Le Colosse de saint Charles Borromeo.	» 60
95.	—	Vue d'Isola-Bella sur le lac Majeur.	» 60
96.	—	Petit Paysage.	3 »
97.	—	Paysage à la date du 16 floréal an VI.	1 »
98.	FRAGONARD.	Paysage avec deux bœufs.	6 »
99.	GOYEN (J. VAN).	Paysage.	1 20
100.	GUERCHINO.	Paysage.	1 50
101.	HOBBEMA.	Paysage.	7 »
102.	LORRAIN (Claude).	Paysage.	2 »
103.	—	Autre.	2 »
104.	—	Autre.	2 »
105.	POTTER (P.).	Le grand Taureau	12 »
106.	TÉNIERS.	Paysage avec des joueurs de boules.	3 »
107.	TITIEN.	Saint Jérôme dans le désert.	12 »
108.	—	L'homme condamné au travail.	6 »
109.	VELDE (Vander).	Grand Paysage	12 »
110.	VOLAIRE.	Marine.	1 »
111.	ZUCARELLI.	Coup de vent.	4 »
		A reporter. . .	369 90

SUJETS

DE L'INVENTION DE L'AUTEUR.

N^{os} d'ordre.		Prix.
	Montant d'autre part. . .	369 90
112. Les nymphes de Diane.		12 »
*113. Le Philosophe apportant la Lumière chez l'Ignorance.		4 »
*114. Le Gourmand en enfer.		2 »
*115. Songe amoureux.		1 »
*116. Une Femme faisant le portrait d'une autre femme.		3 »
117. Héro qui attend Léandre.		3 »
*118. Pénélope défaisant la nuit l'ouvrage du jour.		1 20
*119. Deux femmes assises dans un paysage.		1 20
*120. Centenaire napolitain.		3 »
*121. Sujet allégorique pour le procureur Emo.		1 20
*122. Femme au bain, pasticcio dans le goût de Rembrandt.		3 »
*123. Présépio, crèche napolitaine.		» 60
124. Philosophe lisant à la lueur d'une lampe.		» 60
*125. Femme assise, cousant près d'une fenêtre.		2
126. Conversation de plusieurs figures assises autour d'une table.		1 20
*127. Deux figures assises. (Attitudes de Mme Hamilton.).		» 60
*128. Agar dans le désert. (Id.).		» 60
*129. L'Innocence. (Id.).		» 60
*130. La Danse pastorale.		» 60
131. Trois femmes au bain.		1 20
*132. L'Amour au désespoir.		1 20
133. Plusieurs figures près d'un mur, dont une femme qui file.		» 60
*134. Femme à demi couchée, tenant un enfant.		» 60
*135. Femme tenant un enfant couvert de son voile.		» 60
*136. Femme et un enfant tenant un fusil.		» 60
*137. Femme assise sur une chaise.		» 60
*138. Femme querellant une jeune fille qui tricote.		» 60
*139. Femme debout, les mains croisées sur son ventre.		» 60
140. Plusieurs figures près d'une table, l'une taille une plume.		» 50
*141. Petit matelot tenant une pipe de la main gauche.		» 60
*142. Deux Maroquins.		» 60
*143. Trois petits costumes napolitains.		» 60
*144. Tête de Bacchante.		1 20
*145. Tête d'enfant qui dort.		» 60
*146. Autre tête d'enfant qui dort.		» 60
*147. Pasticcio dans le goût de Bassan.		1 20
148. Sainte-Famille dans le goût d'Albert Durer.		» 60
*149. Autre Sainte-Famille.		1 20
*150. Un goîtreux de Savoie.		» 60
151. Un autre du même pays.		» 60
	A reporter.	426 60

PORTRAITS DE PEINTRES

COSTUMES FRANCAIS

CONTREFAÇONS

Nᵒˢ d'ordre.	Noms des peintres.		Prix.
		Montant d'autre part.	532 70
*276.	Callot (J.).	Des canonniers.	» 60
*277.	—	Deux petites figures.	» 60
278.	Della Bella.	Uu chameau.	» 60
279.	—	Une biche.	» 60
*280.	—	Deux figures et une vache près d'une fontaine.	» 50
*281.	—	Portrait de Della Bella.	» 60
*282.	Dyck (A. Van).	Portrait du Titien.	» 60
*283.	Giulio Romano.	Femme assise, tenant un vase.	» 60
284.	Raimondi (M. A.).	Le Père Éternel visitant la famille d'Abraham.	3 »
*285.	—	Femme assise et un enfant qui lit.	1 20
*286.	—	Femme assise qui embrasse un enfant.	1 20
*287.	—	La Mélancolie.	1 20
288.	Rembrandt.	La Mort de la Vierge.	6 »
289.	—	La Résurrection de Lazare.	6 »
*290.	—	Sainte Famille.	1 20
291.	—	Portrait de la mère de Rembrandt.	» 60
*292.	—	Portrait de Rembrandt.	» 60
*293	—	La Pisseuse.	1 80
*294.	Rosa (Salvator).	Soldat debout.	» 60

BILLETS DE VISITE

*295.	Denon. (D. V.).	Deux figures assises dans un paysage.	» 60
*296.	—	Quatre figures, qui paraissent attendre un vaisseau. . .	» 60
*297.	—	Un chien et un lézard dans un paysage.	» 60
*298.	—	Vue du pont de Rialto, à Venise.	» 60
299.	—	Vue des Lagunes de Venise.	» 60
*300.	—	Barcaruolo vénitien.	» 60
*301.	—	Un marchand d'estampes.	» 60
*302.	—	Une figure et un aigle.	» 60
*303.	—	Un amour qui soutient un portefeuille..	» 60

GRAVURES D'APRÈS DES ANTIQUITÉS

*304.	—	Quatorze figures égyptiennes.	1 20
305.	—	Le Satyre de Portici.	» 60
*306.	—	Une femme et une chèvre, d'après une lampe antique. .	» 60
		Total.	568 60

FIN DU CATALOGUE DE LA CHALCOGRAPHIE DU LOUVRE.

TABLE

GÉNÉRALE ET RAISONNÉE DES MATIÈRES

ET DES PLANCHES CONTENUES DANS CET OUVRAGE

L'œuvre gravée de Vivant Denon se divise en onze séries bien distinctes.

L'éditeur a suivi dans la classification des planches qui composent cet ouvrage, celle que Denon avait indiquée lui-même dans le catalogue qu'il fit imprimer en 1803, pour l'usage de la Chalcographie du Musée, et que nous reproduisons dans les huit pages qui précèdent la présente table, en y ajoutant toutefois les médailles, quelques planches parues depuis 1803, ou qui sont omises au catalogue à cette date, et enfin les Priapées et sujets galants qui n'y figuraient pas.

Cette intéressante collection, de 312 planches, se décompose ainsi qu'il suit :

1° Estampes d'après les tableaux de différents maîtres	18 pièces	1 à 18	
2° Estampes d'après les dessins et paysages de différents maîtres. .	56 »	19 à 74	
3° Sujets de l'invention de Denon. .	38 »	75 à 112	
4° Portraits de peintres .	49 »	113 à 161	
5° Portraits de particuliers.	63 »	162 à 224	
6° Costumes français de la Convention. .	8 »	225 à 232	
7° Pastiches	24 »	253 à 256	
8° Billets de visite .	11 »	257 à 267	
9° Sujets tirés du Voyage en Égypte.	12 »	268 à 279	
10° Médailles .	6 »	280 à 285	
11° Priapées et sujets galants.	27 »	286 à 312	

L'éditeur a ajouté trois autres planches à ces 312, ce qui en porte le nombre total à 315 ; ces trois planches, qui doivent être placées dans la notice historique, représentent : la 1ʳᵉ les 35 portraits-caricatures, mais tous très-ressemblants, de Voltaire ; la 2ᵉ le *Déjeuner de Ferney* ; et enfin la 3ᵉ une planche sur cuivre, dessinée par Lafitte et gravée par Normand, représentant une des principales scènes de *Point de lendemain*. Cette planche, trouvée au milieu des autres productions de Denon, achetées par l'éditeur, vient appuyer encore notre assertion au sujet de la paternité de Denon au charmant ouvrage de *Point de lendemain*.

Lorsque Denon entreprit de graver les deux premières séries de cette liste, il s'était proposé un double but. Il entendait d'abord poursuivre par une pratique incessante et perfectionner ses études sur l'eau-forte, s'en assimiler tous les procédés et acquérir en même temps la facilité d'exécution et l'habitude de rendre exactement le style des diverses écoles et l'originalité des différents maîtres.

Puis enfin il voulait préparer et accumuler les matériaux pour l'*Histoire de l'art* dont, tout jeune encore, il avait médité l'entreprise.

Cette double préoccupation eut pour résultat de fournir à son œuvre, dans les trois séries ci-dessus désignées, 35 et 69 estampes cataloguées, desquelles la présente collection contient 13 planches de la première série et 42 des deux suivantes.

ESTAMPES

D'APRÈS LES TABLEAUX DE DIFFÉRENTS MAITRES.

(18 PIÈCES.)

1. Femmes jouant aux échecs, d'après le tableau de Sophonisba Angusciola, illustre peintre du seizième siècle [1] (1).
2. Petite Crèche, d'après un tableau du Bassan (2).
3. Fragment de tableau, d'après Breughel (3).
4. Un homme qui souffle un charbon, d'après Giulio Clovio (7).
5. Le mariage mystique de sainte Catherine, d'après le tableau du Corrège (9).

> Cette jolie gravure a été faite d'après un très-beau dessin exécuté par Denon et qui figure dans le catalogue de vente de son cabinet sous le n° 975.

6. Le Repos en Égypte, connu aussi sous le nom de la *Vierge aux lapins*, d'après un tableau du même (10).
7. Une tête d'ange, d'après le même (11).
8. Une autre tête d'ange, d'après le même (12).

> Cette tête et celle qui précède sont exécutées d'après un panneau du Corrège qui faisait partie du cabinet Denon sous le n° 16.

9. Buste d'enfant qui lit, par le même (13).
10. Buste d'enfant tenant un chat, d'après le même (13).
11. Cinq têtes, d'après Garofalo (15).
12. Buste de jeune garçon, d'après un tableau de Creuze (16).
13. Buste de jeune fille, d'après le même (17).
14. Philosophe lisant, d'après un tableau de Met$_z$u (20).
15. Buste d'homme qui fume, d'après Van Ostade (21).
16. Un ange jouant du luth, d'après le Rosso (28).
17. Fumeurs autour d'une table, d'après D. Teniers (31).
18. Une tête d'ange, d'après le Guerchin. N'est pas au catalogue.

ESTAMPES

D'APRÈS LES DESSINS DE DIFFÉRENTS MAITRES.

(56 PIÈCES.)

19. Vierge assise tenant l'Enfant Jésus, d'après le dessin de N. dell' Abate (36).
20. Des assassins, d'après le dessin de J. Callot (38).

> Ce dessin fait partie du cabinet Denon sous le n° 711.

1. Les numéros placés entre parenthèses, à la fin de chaque article, sont ceux du catalogue de la Chalcographie du Musée, publié par Denon, en 1803.

21. Saint François, d'après un dessin d'Annibal Carrache, fragment du tableau qu'il a peint pour l'église Saint-Grégoire de Rome (41).

Ce dessin original faisait partie du cabinet Denon sous le n° 423.

22. Femme et enfants autour d'une table, d'après un dessin de Mlle Constance Coltellini (43).

Ce dessin figurait dans le cabinet Denon sous le n° 886, et sous ce titre : *Vieille femme racontant des histoires à des enfants.*

23. Groupe de quatre têtes, d'après la même (44).
24. Famille de mendiants, d'après Fragonard (47).
HISTOIRE DE DON QUICHOTTE, *huit sujets d'après Fragonard* (48).
25. Le 1er représente Don Quichotte se livrant à la lecture des livres de chevalerie.
26. Le 2e Don Quichotte armé chevalier par l'hôtelier et deux filles de joie.
27. Le 3e Sancho Pança habillé par sa femme et sa servante.
28. Le 4e Don Quichotte et Sancho après la grande bataille des moutons.
29. Le 5e Combat de Don Quichotte avec le Biscayen, après l'aventure des moulins à vent.
30. Le 6e Triste situation de Don Quichotte et de Sancho, maltraités par les galériens après qu'ils les eurent délivrés.
31. Le 7e Don Quichotte pardonnant à Sancho ses doutes sur la réalité du terrible combat livré à des outres de vin.
32. Le 8e Don Quichotte porté chez lui moulu de coups à la suite de son aventure avec les pénitents blancs.

Ces gravures sont exécutées d'après huit des dix-neuf sujets dont la suite figurait au cabinet Denon sous le n° 718 du catalogue.

33. Jésus au milieu des docteurs, d'après le dessin de Francesco Barbieri, dit le Guerchin[1] (50).
34. Joseph et la femme de Putiphar, d'après le même (51).
35. Constantin recevant l'étendard de la foi, d'après le même (52).

Le dessin original est au catalogue du cabinet Denon sous le n° 449.

36. Le cuisinier, d'après le même (56).
37. Femme tenant un enfant, d'après le même (57).

Ce dessin faisait partie du cabinet Denon sous le n° 458.

38. Femme au bain, d'après le même (58).
39. Tête de vieillard à barbe, d'après le même (60).
40. Épicier Levantin, d'après le même (63).

Le dessin original se trouve sous le n° 465 du catalogue du cabinet Denon.

41. Vieillard tenant deux enfants, d'après le même (64).
42. Buste de jeune homme à moustache, d'après le même (65). C'est le portrait du Guerchin.
43. Buste de femme portant une corbeille dans laquelle est une marmite, d'après le même (66).
44. Buste d'un jeune homme, les yeux baissés, d'après le même (67).
45. Mariage mystique de sainte Catherine, d'après Francesco Mazzuoli, dit le Parmesan[2] (72).
46. Femme portant un vase sur la tête, d'après le même (73).
47. Le Génie du feu, d'après le même (74).
48. Deux figures assises, d'après le même (79).
49. Groupe de têtes diverses, dont une cornue, d'après le dessin du même (76)

Ce dessin figurait dans le cabinet Denon sous le n° 405.

---

1. Les cinquante-deux superbes dessins du Guerchin qui se trouvaient dans le cabinet Denon provenaient pour la plupart de la collection du comte Zanetti, de Venise.
2. Le cabinet de Vivant Denon possédait une des plus riches suites de dessins du Parmesan qui aient jamais été réunies. Il n'en comptait pas moins de quarante-quatre provenant en grande partie de la collection d'Arundel à Londres.

SUJETS DE L'INVENTION DE DENON.

(38 PIÈCES.)

Dans cette intéressante série, Denon s'est appliqué à reproduire des sujets de sa composition, soit dans la pleine indépendance de son individualité, soit en enveloppant ses propres inspirations, selon le caractère des sujets, du genre d'effet et de la manière de procéder des maîtres qu'il avait spécialement étudiés, ou dont le faire lui était le plus sympathique.

Tantôt c'est le style du Bassan, du Parmesan, du Guerchin ou des Carrache, voire même du Corrège, qui le préoccupe; tantôt c'est la manière plus libre et l'effet plus accentué de Rembrandt, de Van Ostade ou de Teniers qui l'entrainent dans la poursuite des effets de lumière fortement tranchés ou des magies du clair-obscur.

En parcourant les planches de cette série l'observateur pourra suivre, pour ainsi dire étape par étape, le chemin que Denon a parcouru dans ses longues et laborieuses études. C'est en cela surtout qu'une telle collection est précieuse pour les adeptes de la gravure à l'eau-forte. Ils y trouveront comme une sorte de programme clair et précis de toutes les recherches auxquelles un artiste a besoin de se livrer pour pénétrer tous les secrets pratiques de cet art charmant, et le plus abondant de tous en ressources pittoresques.

Cette série ne compte pas moins de 42 planches, dont plusieurs sont très-importantes et d'une remarquable valeur d'exécution.

En voici la nomenclature :

75. Le Philosophe apportant la lumière chez l'Ignorance.

> Cette gravure n'est pas de Denon. Elle a été faite d'après un beau dessin de lui par son ami G. Suntach, graveur habile et fils d'Ant. Suntach le fameux marchand d'estampes de Bassano.

76. Le gourmand en enfer (114).
77. Un songe amoureux (115).
78. Une femme faisant le portrait d'une autre femme (116).

> La femme peintre est faite d'après Mme Lebrun-Vigée.

79. Pénélope défaisant la nuit l'ouvrage du jour (118).
80. Deux femmes assises dans un paysage (119).
81. Centenaire napolitain (120).

> Ce dessin est exécuté dans le goût du Parmesan.

82. Sujet allégorique composé par Denon, pour le Procurateur Emo (121).
83. Précepio ou crèche napolitaine (123).
84. Femme assise cousant près d'une fenêtre (125).
85. Deux figures assises (127).

> Cette pièce et les deux suivantes représentent quelques-unes des attitudes expressives de Mme Hamilton.

86. Agar dans le Désert (128).
87. L'innocence (129).
88. Danse pastorale (130).

> Ce beau dessin est composé dans le goût du Guerchin. L'original figure au catalogue du cabinet Denon, sous le n° 917.

89. L'amour au désespoir (132).
90. Femme à demi couchée tenant un enfant (134).

91. Femme tenant un enfant enveloppé dans son voile (135).

> Cette composition ainsi que la précédente est une reproduction des attitudes de Mme Hamilton.

92. Femme portant un enfant qui tient un fusil (136).
93. Femme assise sur une chaise (137).

> C'est le portrait d'une charmante artiste de Naples, Mlle Constance Coltcilini, dont le buste figure au n° 214 de la série des portraits de particuliers.

94. Femme querellant une jeune fille qui tricote (138).
95. Femme debout, les mains croisées sur le ventre (139).
96. Petit matelot tenant une pipe de la main gauche (141).

> C'est le même personnage qui figure aux portraits de particuliers sous le titre de : Patron de barque maltaise.

97. Deux Maroquins (142).
98. Trois petits costumes napolitains (143).

> Ils sont exécutés dans le genre de la Belle.

99. Tête de Bacchante (144).
100. Tête d'enfant qui dort (145).
101. Autre tête d'enfant qui dort (146).

> Ces deux pièces d'une remarquable finesse d'expression et d'une grande délicatesse d'exécution sont inspirées par l'étude que Denon avait faite des œuvres du Corrège. (Voir les n°° 5, 6, 7 et 8 de la collection.)

102. Pasticcio dans le goût de Bassan (147).
103. Une Sainte Famille (149).
104. Un goîtreux de Savoie (150).
105. Autre goîtreux du même pays (151).

> Suivent sept autres pièces qui ne figurent pas au catalogue de Denon publié en 1803 pour la Chalcographie du Musée.

106. Fileuses.
107. Un sujet de Molière (acte II, scène 10 de l'*Étourdi*).
108. Une scène de Pourceaugnac.

> Le dessin original de cette gravure se trouve au n° 910 du catalogue du cabinet Denon.

109. Croquis divers dans le goût de Callot et de La Belle.
110. Deux petits mendiants.

> Cette pièce est une réduction de la grande gravure qui se trouve dans l'œuvre de Denon à la Bibliothèque Nationale.

111. Le cuisinier de l'ambassade de France à Naples.
112. Le vieux professeur.

> L'œuvre de Denon, du cabinet des Estampes, contient une épreuve du premier état de cette pièce. Tout le fond de gauche y est en clair, avec une estampe sur le mur, en pendant à la fenêtre, et portant la signature de Denon.

PORTRAITS DE PEINTRES.

(49 PIÈCES, EN COMPTANT LE FRONTISPICE ET LES 2 DOUBLES DE FRANCESCO BASSANO ET LÉONARD DE VINCI.)

Les 46 portraits de peintres qui composent cette intéressante série ont été gravés sur les dessins très-étudiés et très-finis que Denon avait faits d'après les tableaux originaux de la galerie de Florence.

Outre le mérite de la ressemblance la plus complète, ces portraits ont celui d'une exécution facile et spirituelle qui prête beaucoup de piquant et de vivacité aux physionomies.

Denon avait mené à bonne fin l'entreprise de ces portraits, toujours en vue de son *Histoire de l'art* à laquelle il songeait sans cesse, et dont les occupations incessantes imposées par ses hautes fonctions retardaient toujours la réalisation.

De guerre lasse, il résolut de les faire paraître à part et même sans aucune notice biographique. C'est alors qu'il ajouta à la collection un frontispice spécial et le portrait de son ami Henri Ramberg, ce qui a porté le nombre des planches à 48.

Les dessins d'après lesquels Denon a gravé cette belle suite faisaient partie de son cabinet dont le catalogue les enregistre sous le numéro 929.

113. Frontispice (152).
114. Albani (Francesco), dit l'Albane (153).
115. Andrea Vannucchi, dit del Sarto (154).
116. Barbieri (Francesco), dit le Guerchin (155).
117. Baroccio (Federigo) (156).
118. Bassano (Jacopo da Ponte, dit le) (158).
119. Bassano (Francesco) (157).
120. Bassano (Francesco), répétition du portrait précédent exécuté avec quelques changements et en manière noire.
121. Bassano (Leandro) (159).
122. Bonito (Giuseppe), peintre napolitain, contemporain de Denon (160).
123. Brun (Mme Vigée Le).
124. Caliari (Paolo), dit Paul Veronèse (162).
125. Carracci (Ludovico) (165). Louis était l'oncle et le maître des deux suivants.
126. Carracci (Agostino) (163).
127. Carracci (Annibale) (164).
128. Carriera (Rosalba) (166).
129. Cortona (Pietro Berrettini da) (167).
130. Crespi (Daniele) (168).
131. Dolci (Carlo ou Carlino) (169).
132. Durer (Albrecht) (170).
133. Farinati (Paolo degli Uberti, dit lo) (171).
134. Garofolo (Benvenuto Tisio da) (172).
135. Giordano (Lucca) (173).
136. Giulio Pippi, dit Jules Romain (174).
137. Lairesse (Gérard de) (175).
138. Lionardo da Vinci (176).
139. Autre portrait du même (177).
140. Lomazzo (Paolo) (178).
141. Mantegni (Andrea) (179).
142. Masaccio da San Giovani (180).
143. Mazzuoli (Francesco), dit il Parmegiano (181).
144. Mazzuoli (Girolamo) (182).
145. Michel Angiolo Amerighi da Caravaggio (183).
146. Michel Angiolo, Buonarotti (184).
147. Palladio (Andréa) (185).
148. Pordenone (Gio Antonio Licino da) (186).
149. Raffaelo Sanzio d'Urbino (187).
150. Raimondi (Marco-Antonio) (188).

PORTRAITS DE PARTICULIERS.

(63 planches.)

Dans aucune série de ses productions la pointe spirituelle de Denon n'a été ni plus aimable, ni plus délicate que dans les petits portraits qu'il a faits de ses amis et des hauts personnages avec lesquels ses fonctions officielles ou ses relations mondaines l'ont mis en rapport.

Il semble là dans son véritable élément. L'esprit de son crayon y lutte de finesse avec la certitude de son regard. La vivacité d'une physionomie ou le caractère d'un ensemble le séduisent avec plus de facilité que les lignes symétriques d'un beau visage. Denon est vraiment et sans contestation le peintre par excellence de la physionomie.

Ce qu'il a croqué de portraits dans sa vie est inimaginable, et s'il avait eu le temps de les tracer tous sur le cuivre, nous aurions aujourd'hui une curieuse et authentique collection des célébrités européennes de la fin du xviii° siècle.

Lors de la vente de son cabinet, 513 portraits avaient été jugés assez importants pour être catalogués ; mais il s'en trouvait mille autres dans ses cartons qui avaient aussi leur intérêt et qui se sont trouvés dispersés par lots dans toutes les échoppes de bric-à-brac.

200 portraits au crayon, de sa main, représentant tous les personnages connus, avaient été recueillis par M. V..., de Montpellier. A la mort de ce collectionneur, son héritier fit vendre à Paris, dans une vente mobilière, sans catalogue et sans publicité, ces portraits et d'autres objets d'arts dont nous n'avons pu retrouver les traces.

Quant à ceux qui ont été gravés, et dont nous possédons les planches au nombre de 63, nous avons pu restituer les noms de la plupart des personnages représentés, en comparant nos épreuves à celles qui sont conservées et annotées dans l'œuvre de Denon, du cabinet des Estampes, et à la liste donnée par lui dans son catalogue de la chalcographie.

En voici la désignation :

210. Portrait de V. Denon, dessinant d'après nature dans la campagne.
211. Le même en redingote fourrée (vers 1812).
212. Mlle Catherine Citto.
213. Mlle Annette Coltellini.
214. Mlle Constance Coltellini, peintre.
215. Gouaz, sculpteur et graveur français, à Rome (1787).
216. M. Adrava, chargé d'affaires d'Autriche à Naples.
217. Mme Hamilton.
218. Le comte d'Argental (caricature).
219. Memmo, sénateur vénitien.
220. Portrait de Barère à la tribune.

Ce portrait a été fait tandis que Denon était graveur de la Convention.

221. Profil d'homme en perruque, inconnu.
222. L'abbé Gagliani, plus jeune qu'au n° 184, et de profil.
223. Un portrait d'homme, à moustache et barbiche.
224. Caricature.

COSTUMES FRANÇAIS DE LA CONVENTION.

(8 PIÈCES.)

Nous avons raconté dans le cours de la notice sur Denon, comment il devint, par la protection de David et de Robespierre, graveur de la Convention.

David avait été chargé de composer les costumes officiels de la République française. L'auteur de la *Mort de Marat* emprunta, pour cette tâche difficile, les lumières et les profondes connaissances historiques de Denon ; et les croquis terminés, il lui confia le soin de les graver pour le service de la Convention.

Notre collection en possède 8 sur 11 qui avaient été gravés ; mais les trois qui manquaient n'étaient que des répétitions, avec de légers changements, des numéros 268 et 271.

225. Législateur en fonctions (262).
226. Représentant du peuple (263).
227. Représentant du peuple aux armées (264).
228. Costume militaire (265).
229. Juge (266).
230. Officier municipal (267).
231. Costume civil avec le manteau sur les épaules (268).
232. Costume civil avec le manteau sur le bras (271).

PASTICHES OU CONTREFAÇONS.

(24 pièces.)

Nous avons dit dans notre notice sur Denon, qu'il prenait quelquefois plaisir à copier, avec le plus d'exactitude possible, des gravures célèbres des grands maîtres, tels que M. A. Raimondi, Rembrandt, Callot, etc.

C'était là pour lui un exercice utile qui lui donnait l'expérience de la pointe, celle plus difficile encore à obtenir de l'emploi des acides ou, autrement dit, de la morsure, et qui lui permettait enfin de découvrir, par une sorte de dissection du travail, les magies de procédés des hommes célèbres qui ont illustré la gravure.

Quelques-uns de ces pastiches sont très-réussis ; les autres ne sont, en dépit d'une certaine habileté de main et d'une finesse d'exécution parfois remarquable, que des études d'amateur.

Il ne faut pas d'ailleurs y attribuer plus d'importance que Denon n'y en attachait.

Voici la liste des 24 pastiches que nous possédons :

233. Une vieille femme qui demande l'aumône, d'après Callot (273).
234. Un pauvre, d'après le même (274).
235. Danseurs, d'après le même (275).
236. Canonnier, d'après le même (276).
237. Deux petites figures, d'après le même (277). Sur la même feuille on trouve deux croquis de Denon.
238. Un chameau, d'après La Belle (278).
239. Deux figures et une vache près d'une fontaine, d'après le même (280).
240. Portrait d'Étienne de La Belle, d'après le même (281).
241. Portrait du Titien, d'après Van Dick (282).
242. Femme assise tenant un vase, d'après Jules Romain (283).
243. Femme assise et lisant avec un enfant, d'après M. A. Raimondi (285).
244. Femme assise qui embrasse un enfant, d'après le même (286).
245. Une Sainte Famille, d'après Rembrandt (290).
246. Portrait de la mère de Rembrandt, d'après le même (291).
247. Portrait de Rembrandt, d'après le même (292).
248. La Pisseuse, d'après le même (293).
249. Soldat debout, d'après Salvator Rosa (294).

Voici en outre d'autres pièces qui ne sont pas au catalogue de la Chalcographie du Musée.

250. Un gueux, d'après Rembrandt.
251. Portrait de Rembrandt avec une toque à plume, d'après Rembrandt.
252. Portrait de Rembrandt et de sa femme, d'après le même.
253. La sainte Catherine connue aussi sous le nom de la Petite Mariée juive.
254. La Veuve : une femme assise au pied d'une urne funéraire se livre à sa douleur.

Pastiche d'une eau-forte de Fr. Mazzuoli qui faisait partie du cabinet Denon, n° 138 du catalogue des Estampes.

255. Femme assise près d'une fenêtre, la tête inclinée sur sa main droite, dans le ciel on voit passer un ange, d'après M. A. Raimondi.

La gravure originale, très-rare, faisait partie du cabinet Denon, sous le n° 68 des Estampes.

256. Adoration des Bergers, d'après Schidone. Cette gravure est exécutée en *fac-simile* de lavis.

BILLETS DE VISITE.

(11 pièces.)

C'était un usage fort en vogue au xviii° siècle, en Italie, et surtout parmi les artistes et les virtuoses, de laisser dans les maisons dont les maîtres étaient absents, un billet gravé ou carte de visite, représentant un croquis élégant ou spirituel, une allégorie, un rébus, un portrait ou toute autre fantaisie. Denon, fort répandu dans le beau monde, et dont les dessins étaient d'ailleurs fort recherchés, s'était bien gardé de manquer à l'observation de cette mode, et il avait esquissé pour la circonstance une douzaine de petits dessins qui ne manquent ni d'esprit ni d'à-propos.

En voici la désignation :

257. Deux figures assises dans un paysage (295.)
258. Quatre figures qui paraissent attendre un vaisseau (296).
259. Un chien et un lézard dans un paysage (297).
260. Le pont de Rialto à Venise (298).
261. Barcaruolo vénitien (300).
262. Un marchand d'estampes (301).
263. Une figure et un aigle (302).
264. Un Amour qui soutient un portefeuille (303).

PIÈCES DE CETTE SÉRIE QUI NE SONT PAS AU CATALOGUE DE LA CHALCOGRAPHIE DU MUSÉE.

265. Un visiteur à qui on ferme la porte au nez.
266. Un visiteur pressant une duègne de l'introduire chez ses maîtres.
267. Billet de visite pour Mme Teotochi Marini. Un Amour aiguisant une flèche.

SUJETS TIRÉS DU VOYAGE EN ÉGYPTE.

(12 pièces.)

268. Une planche d'antiquités égyptiennes, 14 figures (304).
269. Musulmans et Santons, en prière devant la mosquée Saint-Athanase (ix-xxx)[1].
270. Jeunes Barabras ou habitants d'*au delà* du Nil : vont tout nus (lxii).
271. Femme égyptienne dans le harem, les cheveux épars (lxxiv).
272. La fête dans le harem (cxii, 1).
273. Égyptienne dans la maison. Égyptienne dans la rue (ci, 8).
274. Priapes en marbre, en terre et en bronze.

> Il est difficile de décider à quel style ils appartiennent, car ils ne sont ni romains, ni égyptiens, ni grecs. (xcviii, 35, 36, 37.)

275. Arrosement des terres et ablutions à la suite de la prière du matin (cii, 2).

1. Les chiffres romains et arabes entre parenthèses sont ceux des planches de l'atlas du *Voyage en Égypte*.

MÉDAILLES.

(6 PIÈCES.)

Nous avons dit dans la notice sur Denon, la part qu'il a prise à la composition des médailles frappées en commémoration des principaux événements de la période impériale.

Denon avait projeté de publier une suite gravée complète de ces monuments historiques; mais la chute de l'Empire lui fit perdre ce projet de vue, et il ne reste de cette tentative que les six pièces que nous avons recueillies.

Nous les avons classées par ordre de date :

280. La Vaccine.

Esculape protège la beauté, sous la figure de la Vénus de Médicis; à droite et à gauche du groupe, on remarque la lancette de l'opérateur et la génisse qui fournit le vaccin. Gravée par Andrieux. 1804.

281. Profil de Napoléon, empereur et roi. 1806.

Gravé par Droz pour servir de face aux médailles frappées dans cette année.

282. La conquête de l'Illyrie. 1809.

Cette médaille représente la richesse agricole symbolisée par une vache et son veau. La masse du boucher est placée en tête. Gravée par Dupaulis.

283. Naissance du roi de Rome. 1811.

La France soutient l'enfant qui la caresse de la main. Gravée par Jouannin.

284. Départ de l'Empereur pour la campagne de France, en 1814.

L'impératrice Marie-Louise, appuyée sur la Ville de Paris, présentant le royal enfant aux embrassements de son père, vêtu en guerrier antique.

285. Les Malheurs de la guerre. 1814.

Un cosaque poursuit une jeune fille et une jeune mère fuyant avec son enfant. A droite et à gauche du groupe, une ferme incendiée et des bestiaux égorgés symbolisent les horreurs de l'invasion.

PRIAPÉES ET SUJETS GALANTS.

(27 PIÈCES.)

Dans la langue des arts, le mot *Priapée* a deux acceptions congénères et de signification à peu près égale.

On appelle *Priapées* les fêtes religieuses célébrées en l'honneur de Priape, et on donne, par extension, le même nom aux odes, aux épigrammes obcènes et aux peintures, sculptures, pierres gravées, en un mot aux spinthrées de tout genre que, dans les fêtes de Priape, on avait coutume de suspendre sous forme d'*ex-voto* à la statue de ce dieu.

Le nom de *Priapées* s'applique donc exclusivement aux spinthrées d'origine antique ou à celles

de l'époque moderne qui sont composées en imitation de l'antique. Toutes les productions spin-
thriennes qui portent le cachet de la modernité et affectent l'emploi du costume moderne ne
sont que des compositions obscènes, et c'est ou par un abus du langage, ou par excès d'ignorance, que certains bibliographes spéciaux ont classé dans l'ordre des priapées des pièces qui ne
peuvent et ne doivent pas en faire partie.

Aussi, est-ce uniquement par déférence pour les susceptibilités des bibliophiles que nous
maintenons sous la rubrique de Priapées, une *scène amoureuse*, en costumes Louis XVI; *un moine
et une femme;* la *Proxénète;* et parce que ces pièces, qui ne sont que des sujets libres, sans aucune
espèce de communauté d'origine avec les priapées antiques, ont fait partie de la suite de planches
publiées sous ce titre, en 1793, par Denon.

L'exemplaire de la collection Delorme fut vendu 93 francs (Brunet, *Manuel du Libraire*). Il
contenait 23 planches, dont 3 ajoutées : la Belle Napolitaine, recto et verso, et les Jeux
d'enfants.

L'exemplaire normal de la collection A ne contient que 20 planches. Notre Éditeur a composé
cette suite conformément à l'exempl. Delorme, en y ajoutant les 4 pièces marquées d'un astérisque, trouvées au milieu des planches achetées par lui. Nous avons ajouté à cette catégorie
l'*Amour solitaire*, qui s'y rattache autant par le style de la composition que par le caractère du
sujet.

286. Scènes lubriques entre des Silènes obèses et de jeunes filles.

> Comp. et gravées par Denon en 1793.

287. Scène du même genre entre des Faunesses obèses et de jeunes hommes.

288. Une jeune fille offre sa virginité en sacrifice au dieu Priape.

> Son fiancé, sur lequel s'appuie le Grand Prêtre, assiste, résigné, à la cérémonie; dans le lointain, une troupe
> de nymphes et de satyres apportent en triomphe une autre victime.

289. Hercule dans l'exercice du 13° de ses travaux.

> Il épouse et rend mères en une seule nuit les cinquante filles du roi Thestius.

290. Un satyre tient une nymphe assise sur ses deux mains et l'attire sur lui, tandis que la jeune
amante lui caresse amoureusement la barbe.

291. Deux groupes d'amants se caressant.

292. Le satyre et la chèvre, d'après une peinture d'Herculanum.

*293. Le même sujet.

> Une jolie tête de femme et un autre croquis sont sur la même planche.

294. Offrande à Priape, d'après une pierre gravée antique.

295. Jeune homme assis caressant une jeune fille debout devant lui, d'après une pierre gravée antique.

296. Groupe lascif de deux jeunes hommes, d'après une pierre gravée antique.

297. Groupe lascif de deux hommes et une femme, d'après une peinture antique du Musée de Naples.

298. Groupe obscène de deux hommes et deux femmes, d'après une peinture chinoise spinthrienne,
du cabinet des curiosités orientales de Denon.

299. Le roi Phallus, malade et défait, affaissé sur son trône, reçoit la visite de ses médecins qui
lui apportent des remèdes et des réconfortants. Le principal d'entre eux lui lit l'ordonnance.

> Gravé par Denon, d'après le dessin original de Federigo Zuccharo.

300. Le Phallus phénoménal.

> Un gigantesque Phallus est échoué sur une plage. Une grande affluence de femmes, de seigneurs, de bour-
> geois, de cavaliers viennent l'explorer; quelques-uns d'entre eux essayent de le gravir à l'aide de deux échelles.
> Gravé par Denon d'après le dessin original de Federigo Zuccharo.

> M. le comte d'I., dans son *Iconographie* des Estampes à sujets galants, dit que ces deux gravures ont été pho-
> tographiées à Bruxelles en 1867. C'est une erreur. Ce sont les propres dessins à la plume et lavés au bistre, de
> F. Zuccharo, qui ont servi de modèle à ces photographies.

301. Le rêve d'une religieuse.

Une jeune nonne enlevée de son lit envahi par une troupe d'Amours, s'élève dans les airs nue et enlacée avec un ange qui l'entraîne dans les espaces imaginaires.
Les Amours qui ont dévasté son lit jouent tout à l'entour avec ses vêtements religieux, sa robe, sa guimpe, son chapelet, son rosaire, etc.

302. Adam et Ève chassés du Paradis terrestre.

L'ange les pousse à coups de pied dans le derrière.

*303. L'amour solitaire.

Une jeune fille nue, renversée sur un lit et dans l'attitude de la plus grande ivresse, cherche à se procurer les apparences du plaisir.

304. Une vieille proxénète compte l'argent que lui a donné un jeune cavalier pour jouir, sur son lit, des caresses d'une belle fille.

305. Un moine et une femme en conflit amoureux.

306. La belle Napolitaine vue de face.

307. La belle Napolitaine vue de dos.

308. Jeux d'enfants.

Un enfant pisse dans un pot qu'un autre enfant lui présente.

*309. Le garnisseur de fond de culotte, composition scatologique, tirée des *Contes à rire*.

310. Couple amoureux : un jeune homme embrasse une jeune femme assise de côté sur ses genoux.

*311. Une femme et une chèvre, d'après une lampe antique (306).

Cette pièce n'a jamais fait partie des Priapées et figure au catalogue de la Chalcographie de 1803.

312. Le Roman universel.

*Grande composition oblongue en six compartiments dans lesquels sont représentées les différentes péripéties de l'amour depuis la déclaration jusqu'à la rupture. Une légende inscrite au-dessous de ce dernier sujet porte ces mots : *Ici, comme au jeu de l'oie, on est un coup sans jouer et on retourne au n° 2.*

PIÈCES AJOUTÉES PAR L'ÉDITEUR POUR ILLUSTRER LA NOTICE.

(5 PIÈCES)

FIN DE LA TABLE GÉNÉRALE.